スクール
カウンセリング
における
投影描画
アセスメント

加藤大樹・鈴木美樹江
Daiki Kato & Mikie Suzuki

ナカニシヤ出版

目　　次

はじめに　　i

1　学校不適応に関する研究の動向 ……………………………………… 1
　1.1　はじめに　　1
　1.2　適応（不適応）の概念　　2
　1.3　学校不適応に関連するリスク要因　　2
　1.4　不適応リスクを緩和するために必要な視点　　7

2　教育現場における描画テストの活用 ………………………………… 9
　2.1　はじめに　　9
　2.2　教育現場におけるインフォーマルアセスメント　　10
　2.3　各技法における研究の動向　　10
　2.4　解釈のための視点　　13
　2.5　今後の基礎研究の展開に向けて　　15

3　不登校傾向と社会的コンピテンス ……………………………………… 19
　3.1　教育現場における社会的コンピテンス　　19
　3.2　不登校傾向と社会的コンピテンスの関連の検討　　21

4　学校適応と S-HTP の描画特徴 ………………………………………… 27
　4.1　描画に現れる不適応のサイン　　27
　4.2　学校不適応と S-HTP　　29
　4.3　社会的コンピテンスと S-HTP　　31
　4.4　S-HTP の形式的描画特徴と学校適応の関連　　32

iv

4.5　考　　察　35

4.6　まとめ　37

5　S-HTP に表現されるパーソナリティ …………………………… 39

5.1　S-HTP とパーソナリティ特性　39

5.2　パーソナリティ特性と描画の形式的特徴の関連　40

5.3　考　　察　42

6　S-HTP 描画作品における総合印象評定 …………………………… 45

6.1　印象評定という解釈視点　45

6.2　総合印象評定尺度の作成　46

6.3　考　　察　49

6.4　今後の活用に向けて　51

7　S-HTP における人物表現 …………………………………………… 53

7.1　人物表現に着目する意義　53

7.2　性別による人物画特徴の比較　54

7.3　発達段階・対人関係と人物画特徴　55

7.4　パーソナリティ特性と人物表現　56

7.5　考　　察　57

8　実際の描画表現に基づいた総合考察 ……………………………… 61

8.1　形式分析　61

8.2　内容分析　63

8.3　印象評定　66

おわりに　71

初出一覧　73

引用文献　75

索　　引　87

1 学校不適応に関する研究の動向

1.1 はじめに

近年，学校場面ではいじめ，不登校，自傷行為，暴力行為等の学校不適応に関する問題を抱えている子どもたちが数多くいる。その背景としては，地域や家庭内のつながりの脆弱性，また子どもたちが直接遊ぶ機会の減少による対人関係の希薄さ等，数多くの要因が重なり合う形で，彼らの発達に影響を与えていることが考えられる。

このような問題が指摘される中，不適応問題が深刻化する前段階で大人が察知し，介入する等の予防的観点からのアプローチの必要性が求められている。すなわち，不適応問題を生じている子どもたちへの丁寧な支援（3次予防）も行いながらも，不適応徴候が見られる子どもや，リスクの高い子どもたちに対しては早期の段階で介入すること（2次予防），また全ての子どもたちを対象としたコンピテンス（第3章参照）向上のための心理教育を提供する（1次予防）等，階層的なアプローチ方法について研究が進められてきている（Durlak, 1995）。

その理論的根拠のひとつとして国際的に注目されているのが，リスク要因およびプロテクト要因に関する研究である。すなわち，どのような環境や個人的側面をもつ子どもたちが不適応となるリスクが高いのか，また逆にどのような環境や個人的側面をもつことが，子どもたちにとって不適応となることを防ぎ，そして子どもたちを守ることができるのかといった観点である。

本研究では，（不）適応についての概念についてまとめた後，子どもたちの学校不適応に影響を与えるリスク要因について国内外の研究について概観する。その上で，不適応リスクを緩和するための視点について展望する。

1.2 適応（不適応）の概念

　適応については，多くの概念が提出されており，統一した見解が得られていない現状（Ladd, 1996）にある。その中で原田・竹本（2009）は，適応の概念について環境と個人といった観点より大きく2つに分けられると指摘している。1つは，適応とは個人と環境との関係を表す概念であり，両者が調和した「状態」である（内藤ら，1986；大久保，2005）との捉え方である。2つ目としては，適応とは人がその内的欲求と環境との間により調和的な関係を作り出そうとして，行動を変えていく連続的な「過程」である（北村，1965）との捉え方である。このように両者とも，適応とは“個人”と“環境”との関係を表す概念であるという点は一致していると考えられ，逆に不適応とは環境と個人の内的欲求とのギャップが生じている状態であると定義付けられるのではないだろうか。そこで，本章では学校不適応に関与すると考えられる環境要因と個人要因に着目し，環境に関する不適応リスク要因と，個人内における不適応リスク要因について以下にまとめることとする。

1.3 学校不適応に関連するリスク要因

　ここでの「リスク要因」という語は，不適応への可能性を助長するあらゆる影響を意味し，より深刻な不適応状態へと悪化させていることや，不適応状態を持続させることに寄与する影響として用いる（Coie et al., 1993）。そこで，まず環境要因については家庭要因と友人関係要因について取り上げ，その後に個人的要因についてもまとめることにする。

1.3.1　環境要因

1.3.1.1　家庭のリスク要因

　家族との関係性について調査した研究では，子どもの不適応と夫婦関係の乏しさ（Buehler et al., 1997），子どもを含んだ家族どうしの関わりの希薄さ（Resnick et al., 1997）が，学校場面における不適応にも関連していることが示唆されている。また，親がうつ病や統合失調症の疾患を有している場合，そう

でない親に比べて，子どもが学校で問題行動を起こしており，子どもの精神疾患の出現率も高いことが報告されている（Weintraub, 1987）。すなわち，統合失調症の母親は，妄想や幻覚，不条理な感情といった症状のため，またうつ病の母親も抑うつ症状を起因としたエネルギーや興味の減退により，子どもへの応答性が乏しくなることが，子どもの問題行動につながっているのではないかと推察されている（Goodman, 1987; 菅原，1997）。特に抑うつ症状をもつ母親は，子どもの社会的引きこもり，身体化症状，不安，抑うつ，および外在化問題（注意欠陥，多動，攻撃的行動，非行行為）などとの関連が報告されている（Lee & Gotlib, 1989）。これらの母親の抑うつ症状と問題行動を媒介するものとして，母親と子どもの温かい関係が関与していることが明らかになっており，母親の抑うつにより，母子関係の温かさが失われることで，子どもの問題行動の頻度が高まることが示唆されている（Harnish et al., 1995）。しかしながら，菅原（1997）も指摘している通り，たとえ母親がうつ症状を有していても，母親以外の父親や祖父母，教諭等複数の愛着対象がいることで，その後の発達への影響は異なってくると考えられる。具体的には，生徒が先生との関係を良いものだと経験することで，ネガティブな感情を保護してもらい，情緒的な問題に対処する力を増やすことができるとの指摘もある（Solomon et al., 2000）。うつ病をもつ母親との関係を有する子どもに関しては，教諭やスクールカウンセラーが関わりを増やすことで，子どもが悩み事などを話せる環境作りをしていく必要がある。

　子どもへの不適切な関わりにおける暴力のサイクルに関する研究も見られる。虐待を受けた子どもは，そうでない子どもよりも，思春期行動上の問題を起こしやすいことが広く指摘されている（Rutter et al., 1998; Widom, 1999）。その背景としては，虐待を受けた子どもは，虐待を受けなかった子どもと比較すると，感情の統制，共感性の表出，自分の興奮状態の見極め，社会的な情報の解釈において深刻な問題を示しやすい（Dodge et al., 1990）。その結果，他者の行動についての解釈や自身の感情抑制がうまくできず，暴力や他者をいじめる等攻撃的な行動に関するリスクが増加する（Dodge et al., 1990）。

　また，親子の愛着関係等の関係性といった観点より学校不適応との関連について調査した研究も見られる。親子間が相互に不信関係である場合，学校生活

においても不適応傾向である点や（酒井ら，2002），幼少期の父母に対する愛着と学校不適応についても関連があることが示唆されている（五十嵐・萩原，2004；Ainsworth et al., 1978）。具体的には，男子の場合は幼少期の親との不安定な関係が，その後の児童期における攻撃性や引きこもりを予測している（Ainsworth et al., 1978）。一方，女子の場合は幼少期の母親への愛着が不安定な場合や父母間の愛着にズレが生じている場合に，不登校傾向が高まることが指摘されている（五十嵐・萩原，2004）。以上のように，学校不適応に関連する家庭要因としては，家族間の関係性の乏しさや親子の不安定な関係性が，子どもたちの学校不適応感に影響を与えていることが示唆される。

またコミュニケーションが上手くとれていなかったり，気持ちをくみとり問題解消をする等の社会的スキルが欠けている家族関係では，子どもも社会的な手がかりを「読む」ことや，行動を適合させる方法が分からないために，支えてくれる仲間もできず，孤立しやすいことが指摘されている（Buhrmester, 1990; Savin-Williams & Berndt, 1990）。このように家庭内での社会的スキル経験の乏しさから，子どもたちが社会的スキルを習得する機会が不足することにつながり，結果的に友人関係を築いていく際に負の影響を及ぼしている可能性についても明らかになってきている。

1.3.1.2　友人集団のリスク要因

友人との良好な関係は，発達的な側面，健康，そして学校適応において重要な役割を有している（Asher & Rose, 1997）。我が国においても，友人との良好な関係が，学校ぎらい感情（古市，1991）や欠席願望（本間，2000）を低減する結果が得られている。

それでは，青年期における良好な友人関係とは，どのような友人関係を示すのであろうか。従来，青年期は第二の分離個体化と呼ばれ，親からの精神的自立に伴う孤独感をもちやすくなるが，その際に友人との関係が重要となることが指摘されていた（Blos, 1967）。具体的には，友人と一緒に活動することで，考えや意見を交換したいと願い（Youniss & Smollar, 1985），親密で内面を開示するような関係を求め，これが新たな自己概念を獲得することにつながる点が指摘されていた（西平，1973）。しかし，近年友人関係の表面化，希薄化が指摘されている（上野ら，1994）。具体的には，友人から低い評価を受けない

ように警戒し，互いに傷つけあわないために，心理的距離の遠さを保った友人との関係性である（大平，1995）。その一方で，電子メールやインターネットなどの手段を用いて，友人関係を切らさないように努力するなど，強い同調性も有している（土井，2014）。石本ら（2009）は，女子中高生を対象に調査した結果，心理的距離が近く，同調性の低い友人関係をとる者は，心理的適応，学校適応がともに良好であるのに対して，表面的な友人関係をとる者は，心理的適応，学校適応がともに不適応的であることを指摘している。すなわち，拒否されることの怖さから，友人と表面的に付き合うが，そこでは十分な情緒的なサポートが得られず，また現実の自分に直面した際に受け止めてもらう機会を逸することになる。特に，理想的自己と現実的自己の差が多いほど，適応は低下する。また，適応とは内的適応と外的適応からなると考えた際には，外的適応はできていても，内的適応はできず，不確かな自己像を抱えるという課題をもつこととなる。

　発達的側面から考えると，小学校高学年より，自分に情緒的なサポートを提供する相手が，主に保護者から親しい友人へと変化していく（Selman & Schultz, 1990）。また，児童期は，行動や能力など活動性を中心とした自己把握であるが，青年期初期においては対人関係など社会的側面による自己把握へと変化していくと指摘されている（Damon & Hart, 1982）。そのため，友人関係が損なわれている場合，情緒的サポートが不足し，加えて周りに受け入れられていない自分として自己を認識し，自尊感情が低下する可能性が考えられる。実際に友人からの受容や好意あるいは双方向的な友人関係が，孤独感や抑うつ，落ち込みを抑え，自尊感情を高めることが示唆されている（Parker & Asher, 1993; Vosk et al., 1982; Wentzel et al., 2004）。一方友人からのサポートの少なさ（Cauce et al., 1996）や，友人からの拒否（Schwartz et al., 1998）が，特に青年期の生徒に負の影響を与えていることが示されている。

　その中でも特に級友による過去のいじめは，現在の適応と関連しているなど，友人から過去および現在に受けたいじめは適応と負の関連を示していた（Smithyman et al., 2014）。三島（2008）は，親しい友人からの「いじめ」を小学校高学年の頃に体験した生徒は，そうでない生徒より，高校生になってからも学校不適応感を強くもち，友人に対しても不安・懸念が強いことを示唆して

いる。

このように，いじめを受けた経験のある生徒や，情緒的なサポートを友人から得られていない生徒は，不適応のリスクが高いことが示唆されている。また，支えてくれる友人をもたない10代の青年には，友情を形成し維持するためのスキル訓練が必要な青年もいることが指摘されている（Savin-Williams & Berndt, 1990）。上記の先行研究より，社会的スキルを向上させる機会を提供することにより，良好な友人関係が促進され，他者との連帯感が向上し，周りに受け入れられている自分を認識することで，結果的に適応感を向上させることができると考えられる。

■ 1.3.2　個人内リスク要因

まず，社会的コンピテンスが不足している子どもたちは，普通の子どもたちと比較して，内在化問題（抑うつなど）のリスクが高くなること（Burt et al., 2008）や，外在化問題（非行など）のリスクが高くなること（Wang, 2009）が指摘されている。日本においても，社会的スキルと適応との関連が指摘されており，社会的スキルが発揮されないことが，学校集団の中で承認されないことにつながり，結果的に不適応につながる可能性について示唆されている（粕谷・河村，2002）。

Trueman（1984）は，不登校生徒の特徴として，不安が強く，分離への大きな恐れをもっていると述べている。また，不登校生徒は，無気力傾向（本間，2000），神経質（田山，2008），内向的（佐藤，1968）であるなどの性格特徴が報告されている。一方，非行生徒の特徴としては，注意欠陥性多動障害との関連が見られること（Offord et al., 1992），また両親が反社会的障害であった場合や言語的な知能が平均以下である時に不適応リスクが高まることが指摘されている（Lahey et al., 1995）。

また，このような行動上の問題が生じている生徒の背景には，うつが見られる可能性が指摘されている（Puig-Antich, 1982）。特に女子においては，10歳時点での内在化問題（身体的な問題や内気であること）は，13歳までに外的な問題（反社会的な行動等）へ移行することが示唆されている（Wångby et al., 1999）。また，これらのうつ症状は，物事を知覚する認知の様式と相関があることが指摘されている（Seligman, 1975）。これらの認知様式についての修

正としては，認知行動療法が有効であることが報告されている（Beck, 1995）。そのため，抑うつ症状が見られる生徒については，早期の段階で相談に乗るなどして，サポートしていく体制作りが求められている。

不適応リスクを緩和するために必要な視点

　最後に，不適応リスク要因についてまとめた上で，不適応リスクを緩和し，子どもたちが適応的に学校生活を送るために必要な視点について展望を行う。

　不適応リスク要因は，大きく分けて2つの視点から捉えることができる。1つは，社会的コンピテンスの不足といった側面であり，もう1つは家庭や友人関係の希薄さ，もしくは不安定さに起因するものである。鈴木・森田（2015）は，不適応に至るプロセスとしては，「社会的コンピテンスの不足」が「被受容感の乏しさ」を媒介し，「不適応徴候」に影響を与えるという過程を明らかにしている。すなわち，社会的コンピテンスが不足することで，周りから受け入れてもらう機会が減少し，その結果不適応の前段階である不適応徴候が見られるというプロセスである。

　そのため，今後社会的コンピテンスが不足し，友人関係に不安を抱えている子どもを早期に察知するアセスメント方法の確立が重要となる。社会的コンピテンスが不足している生徒の中には，すでに友人関係でトラブルとなり，幾度となく教員が仲介する機会をもつことができているケースもある。そのようなケースでは，社会的コンピテンスの中でも，アサーション（自己主張）スキルの不足によるものなのか，問題解決能力の不足によるものなのかなど，その背景や原因について詳しくアセスメントする必要がある。その上で，積み残している社会的スキルを1つずつ丁寧に教えていく必要がある。一方，自分を出さず環境に合わせるなどして外的適応はできていたとしても，自分の気持ちを伝えることができず内的適応に関しては十分満たされていない子どもたちもいる。そのような子どもたちは，周囲の大人が気づかないうちに不満を溜め込み，自分らしさが分からなくなり，突然不登校という形や自傷行為という形で顕在化する場合もある。そのため，これらの過剰適応傾向の子どもたちの気持ちを察知できるアセスメントツールの開発も必要である。

一方，このようなリスクの高い子どもたちには，どのような学級環境を提供することで，リスクを緩和することができるのだろうか。Baker（1998）は，フレンドリーで支持的で暴力がないと感じる学級環境が，学校満足感と関連していることを示唆している。すなわち，支持的な学級状況が，直接的に学校満足感に影響を与えているとともに，ストレスや心理的な苦痛を低減することを通して，間接的にも学校満足感に良い影響を与えていることを明らかにしている。また，我が国において中学生の欠席願望を抑制する要因について調査した研究では，「学校魅力」，「対友人適応」，「学習理解」，「規範的価値」が欠席願望を抑制することに影響を与えていることが明らかとなった（本間，2000）。このように，不適応リスクを緩和する学級環境としては，学習についていけない子どもへの親身なサポート，また規範的価値について伝えていくこと，友人関係を促進すること，そして支持的な雰囲気を作っていくことが重要であることが推察される。

最後に，リスクが高い子どもたちには心理的な支援やつながりを提供する大人が少なくとも一人はいることが，様々なリスク状況において子どものプロテクト（保護）要因となることが一貫して確認されている（Fraser, 2004）。具体的には，家族や教師などの大人からの支持的なサポートが，適応を促進する重要な要素であることが指摘されている（Smokowski et al., 1999）。特にリスクをもつ子どもにおいては，思いやりのある大人と良好な関係を築くことで，それらの大人をモデルとして問題解決スキル等の社会的スキルについても学ぶ機会となる（Masten et al., 1990）。また，これらの大人との良好な信頼関係を通して，社会的スキルを学ぶことで，最終的に子どもの自尊感情を向上させる機会となり，環境上のストレッサーから防御する源を提供することが可能となる（Masten, 1994）。以上のように，社会的コンピテンスが不足し，友人関係に不安を抱えている子どもたちには，教員やスクールカウンセラーによる温かい関わりが彼らの精神的支えになる。そしてこの温かい関わりを通して，子どもたちは人との関わり方を学んでいき，他者との信頼関係を築いていくことができ，最終的には自分を受け入れてくれる存在がいることで自尊感情が向上する機会となる。このような子どもと大人との信頼関係を構築するプロセスこそが，子どもたちの学校適応を支えていく大きな礎になると考えられる。

2 教育現場における描画テストの活用

2.1 はじめに

　臨床心理学的アセスメントの手法として，様々な描画テストがこれまでに開発され，活用されてきた。描画テストは，実施法が複雑でなく，特別な検査用具を必要としないものが多いため，医療現場や相談施設のみでなく，教育現場においても利用されてきた。スクールカウンセラーや教育相談の業務に代表される教育現場におけるカウンセリング活動においては，児童・生徒を理解するための手がかりとして心理アセスメントは重要であるが，学校という構造の中で本格的なテストバッテリーを実施することには難しさもある。このような環境の中で，描画テストは，実施にあたって生徒たちに与える負担も少なく，導入のしかたを工夫すれば集団場面においても実施可能であることから，教育現場における応用の幅は広いと考えられる。また，検査という枠組みのみでなく，教育現場においては，生徒たちが自分たちの体験を絵に描く機会は豊富にある。作品には，パーソナリティやその時々の内的体験が多分に投影されるため，生徒たちを理解するための有用な手がかりになると考えられる。研究の蓄積によって，作品と向き合うための視点を提供することは，担任教師やスクールカウンセラーが生徒たちの作品をより深く知ることの助けになるのではないか。一方で，実際に導入する際には，実施や解釈に対する十分な知識と経験を身につけることも必要である。このような観点からも，基礎的研究や実践的研究を積み重ねることには重要な意味がある。本章では，これまでに蓄積された，教育現場における描画テストの活用に関する研究をレビューし，その意義や今後の課題について考察する。数ある描画テストの中でも，教育現場において広く利用されている，バウムテスト，HTP法，人物画，動的学校画などを中心に近

年の研究の動向を概観し，その効果を検討する。

 教育現場におけるインフォーマルアセスメント

中尾（2010）は，通常学級で特別なケアの必要な子どもたちを支援するためには，「行動を観察する」，「行動特性と認知特性を分析する」，「どう扱うか計画を立てること」の3つの段階の重要性を指摘している。しかし，教育現場においては専門機関によるフォーマルアセスメントの機会は少なく，解決策の1つとして「インフォーマルアセスメント」の重要性を指摘している。このアセスメントにより，学校教員は1次的なサポートの計画を立てることができ，これにより2次的障害を防ぐことが可能であると述べている。このような観点のもと，中尾（2011）は，小学生を対象に人物画（DAM）を実施し，発達的な指標を中心に，教育現場における描画を用いたアセスメントの活用可能性を検討している。その結果，人物画の未熟さを通して，最近の子どもたちのボディイメージの低下などの特性との関係を指摘している。

 各技法における研究の動向

バウムテスト（Koch, 1949）は，心理臨床領域において広く活用されている投影法検査であり，教育現場との関わりも深い。また，樹木画を理解するための視点は，他の投影描画法における解釈視点の基盤となることからも，バウムテストの基礎研究は他の技法への応用という面からも重要なものである。田邊（2007）は，小学生を対象にバウムテストを実施し，その特徴と児童に対する教師の行動評定の差異を比較検討している。学校という構造の中で，教師が児童生徒に対して抱くイメージや評価と，描画を通して投影された姿のギャップや共通性を丁寧に検討することは，教育現場における生徒理解において重要な視点であると考えられる。また，先述のインフォーマルアセスメントという視点からも，描画内容の客観的な指標と，実際に児童と日々関わる教師の視点を比較することは，アセスメントに際して留意すべき点に関しても有用な指標を提供することになるだろう。

不登校などの問題との関連において，バウムテストは，状態像や予後を理解するための手がかりとしても活用されてきた。鑪ら（1992）は，不登校を主訴として来談したクライエントの予後を検討する媒体としてバウムテストや人物画を使用している。ここでは，描画を通して，他者との心理的距離がうまく保てない特性が明らかにされ，自己像を投影する描画法の重要性が指摘されている。また，桑代ら（2002）は，過去に不登校経験をもつ人を対象にバウムテストを実施し，神経症サイン，樹冠の形成段階，大地の線などの観点からその特徴を分析している。

バウムテストは，描き手のパーソナリティを総合的に理解する手がかりとして有効であるが，それ以外にも感情表出のアセスメントとしての利用も可能である。このような観点のもと，増岡・高橋（2006）は，怒り感情と樹木画の関連を検討している。その結果，幼児の怒り感情には精神的エネルギーを抑制しているタイプと安定しているタイプの2つがあり，解釈の際には描画の全体的な印象と日常生活の観察が必要であることを指摘している。また，縦断的な検討により，幼児の感情発達をバウムテストの特徴から読み取る試みも行われている（古池，2008）。ここでは，描画に見られる感情表現について，個人内の一貫性や個人差，発達的変化について考察しているが，幼児期の子どもが用いる表現方略には，一定の間隔をおいても一貫して見られるような軸となる方略があることを指摘している。さらに，青年期に関する知見として，原田（2010）は，自尊感情の揺れと自己像の関連について，肯定的自尊感情と否定的自尊感情の両面から検討している。この中で，現実とかけ離れた理想的な自己を目指そうとすることと，理想とは異なる現実の自己に気づくこととの間で自己が揺れ動き，それが自尊感情の揺れにつながることを指摘している。

HTP法は，Buck（1948）によって開発された投影法の1つである。3枚の画用紙を用い，それぞれの用紙に家，木，人を順に描いていく検査である。基礎研究として，パーソナリティ特性との比較（Marzolf & Kirchner, 1972, 1973）や，性別による比較（Fellows & Cerbus, 1969）などが行われている。HTP法は，Buckの方法をもとに，様々な変法も開発されているが，その中でも，三上（1979a, 1979b, 1995）によるS-HTP法は広く知られている。S-HTP法では，1枚の画用紙を用い，その中に，家，木，人のアイテムを描

く。三沢（2006）は，それぞれのアイテムの解釈視点として，家は家庭や家族のイメージ，木は無意識の自己像，人は意識的な自己像が投影されやすいことを指摘している。S-HTP 法は，アイテムどうしの関連を通して描き手の内的な精神力動や，外界との関わり方を理解する上でも有用である。このような観点のもと，S-HTP 法における描画特徴と対人関係のもち方に着目した研究も行われてきた。纐纈・森田（2011）は，青年期を対象に友人とのコミュニケーションスタイルと描画特性の関連を検討している。そして，中でも人物の表現が，描き手の感情・アイデンティティ・他者との関係のもち方などが投影される媒体として機能する可能性を指摘している。人物表現に注目した研究としてはこの他にも，アレキシサイミア傾向のある群において，人物どうしの関係の希薄さが認められている（Fukunishi et al., 1997）。

　教育現場に関連する，近年の新しい研究課題として，異文化適応に関するものがある。大学生を対象とした学生相談の領域では，異文化間交流や異文化カウンセリングの実践や研究が行われてきたが，近年では，国際化などの影響から，小学校や中学校などにおいても，外国籍児童は増加しており，彼ら自身とそれを取り巻く環境における適応は重要な課題となっている。描画法は，個人のパーソナリティをはじめ，文化的なバックグラウンドや適応を映す鏡でもあるため，異文化比較に関する研究においても活用されている。国内では，たとえば，佐野・浦田（2008）が，バウムテストおよび HTP 法を用いて，地域による文化的な影響について検討している。海外においても国籍や人種間における描画特徴の差異が検討されており（Kuhlman & Bieliauskas, 1976; Kline & Svaste-Xuto, 1981; Soutter, 1994），描画法は，人々が共通してもつイメージを表出する媒体であることから，文化や言語を超えた普遍的な指標として活用が可能であると考えられる。

　教育場面に関わりが深い投影描画法として，動的学校画（KSD; Prout & Phillips, 1974）がある。これは，描き手自身が学校で何かしている場面を描くものであり，生徒が学校という環境をどのように捉えているか，またその生徒を取り巻く力動が投影されやすいため，教育現場におけるアセスメントとして有用な方法であると考えられる。学業成績との関連などから統計的な妥当性の検討や（Prout & Celmer, 1984），スコアリングのための評価項目を設ける試

みも行われている（Andrews & Janzen, 1988）。海外においては，優秀児（gifted）のための教育に関するアセスメントの手がかりとしてKSDを活用した研究もある（Armstrong, 1995）。国内における近年の基礎研究としては，小学校3年生から中学校3年生の発達的な描画特徴をまとめたもの（田中，2007）や，教員や友人との親密性と人物像の関連などを見出したもの（田中，2009）などがある。また，田中（2011）は，荒れている学級のKSD描画特徴を検討した結果，荒れている学級では，支配性の高さ，不適応を無理な背伸びによって補う傾向の高さ，自己評価の低さが見られることを示している。

  解釈のための視点

　臨床心理学的アセスメントの媒体として描画法を利用する際には，それを見る側に解釈に関する熟練が求められる。このような経験に基づいた知識の蓄積が重要な一方で，特に学校における利用に際しては，作品のどのような点に着目したらよいかという分かりやすい指標を共有していくことも重要である。描画法をはじめとした投影法検査の解釈視点としては，形式分析，内容分析，印象評定などの観点から研究が蓄積されてきた。これらの視点に沿って，これまでの知見を展望していきたい。

　まず，描画法における形式分析については，面積，バランス，統合性，筆圧，空間象徴などの観点が挙げられる。数値化やカテゴリ化がしやすい指標であることから，特に統計的手法を用いた基礎研究において広く利用されてきた。数量化による客観的な判断が可能である一方，計測方法については一定の基準があるわけではなく，先行研究を参考に各研究者が独自の方法で取り組んでいるという側面もある。そのため，測定方法の違いによる誤差や結果のばらつきが認められることもあるため，研究間での包括的な比較をする際には注意が必要である。

　青木（1980）は，バウムテストの形式的特徴について，上下左右の空間の広さ，中心の位置，樹全体や樹冠の高さや幅などの指標を数量化しており，これらの視点は後の研究にも影響を与えている。綱島（1992）は，この青木の視点をもとに，バウムテストの形式的特徴とYG性格検査の得点を比較しており，

14　第2章　教育現場における描画テストの活用

たとえば，樹冠の左右比に情緒安定性との関連が表れやすいことなどを指摘している。教育現場に焦点を当てたものとしては，教師による児童の行動評定とバウムテストの特徴を比較した研究がある（田邊，2007）。ここでは，描画の位置や傾斜，強調やはみ出しの有無などの項目から詳細な分析が行われている。

　人物画を用いた基礎研究では，たとえば，これまでに人物の大きさに着目した研究がいくつか行われている。先駆的な研究として，Swensen（1968）やKoppitz（1968）によって人物の大きさとセルフエスティームの関連が指摘されている。近年の知見としては，萱村（2011）が，小学生を対象に人物の大きさとコンピテンスの関連を検討している。その結果，男子では小さな人物画を描く者の方が，女子では大きな人物画を描く者の方が学習や運動のコンピテンスが高い傾向が認められた。このように，人物の大きさなどの数量化が可能な指標は，実際に作品を見る際にも重要な視点であることから，これまでにも，描画法や芸術療法における諸技法を用いたアセスメントに関する基礎研究の中で，様々な指標を数量化する試みが行われてきた。

　次に，内容分析について述べる。内容分析は，描き手による個々の描画の内容特性を1つ1つ丁寧に見ていくプロセスである。これまでの基礎研究においては，描画を要素に分けて，各要素の特徴と心理的特性の関連を比較する試みが積み重ねられてきた。青木（1980）は，形式分析と合わせて内容分析に関する重要な観点も提供している。たとえば幹の質的な特徴に注目し，幹全体の特性（T字幹，斜幹，曲幹など）や，幹端処理のしかた（開放，直開など）からカテゴリ化を行っている。内容分析はパーソナリティや病態水準の検討のためにも有用であるが，発達的な視点からも活用されており，幼児の樹木画において，幹や樹幹などの構成要素間の輪郭線の接合形態に一定の発達傾向が認められることも指摘されている（木村，2010）。

　最後に，印象評定に関してまとめる。内容分析が主に各構成要素の内容的特徴を対象とするのに対し，印象評定では，描画全体の印象を評価の対象とする。表現と対峙した際に，見る者がそこから受ける印象を表したものであり，教育現場において，たとえば教師やスクールカウンセラーが生徒の作品を最初に見た時に受ける印象と関わりの深い指標であると考えられる。一谷ら（1975）は，樹木画をS-D法によって全体的に判断させている。この研究以後，S-D法を

用いたバウムテストの印象評定に関する研究がいくつか行われている（石谷，1998；鈴木，1999；山口ら，2003）。石谷（1998）は，視覚的印象評定尺度を作成し，「質量感」，「流動感」，「均衡感」，「材質感」の4因子を挙げている。「質量感」は存在感や立像としての緊張感を，「流動感」は運動性や躍動感を，「均衡感」はバランスを，「材質感」は立体感や触感をそれぞれ表している。

　これまで概観してきたように，形式分析，内容分析，印象評定は，投影描画法を用いたアセスメントに関する研究において重要な視点である。基礎研究としての精度を高める目的から，近年では特に形式分析においてコンピュータを用いた画像解析に関する研究が行われている。小川（2007）は，線画理解システムを開発し，樹木画を，樹冠，幹，根の領域に分割する試みをしている。また，最新の研究では，モーメントやフーリエ解析といった指標が，客観的な描画特性として用いられている。モーメントは絵の広がりや非対称度を表すものである。これに対し，フーリエ解析は描線の方向などの全体的な傾向を検討するものである。これらを用いて，女性に比べ男性の方が描線の角度の変動が大きいことや，年齢が高いほど非対称な絵を描く傾向などが示されている（蔵ら，2009）。岩満ら（2013）は，フーリエ解析に加えて，テクスチャー解析や特異値分解という手法を用いて精神障害患者のバウムテストの特徴を分析している。分析を通して，特異値分解は描画の大まかな特徴を示し，テクスチャー解析からは水平垂直方向への弱い筆致が認められ，患者の思考の硬さや抑うつ的な傾向を反映していると考察している。また，藤原ら（2010）は，描画量，濃度値，モーメントなどの画像特徴量と，抑うつを測定する質問紙検査であるSDSの相関を検討し，一定の関連を認めている。

 今後の基礎研究の展開に向けて

　本章では，特に教育現場における活用の観点から，様々な投影描画法に関する近年の基礎研究をレビューしてきた。その結果，まず，技法ごとに特有の観点や解釈仮説が存在する一方で，技法を超えて普遍的に活用が可能な視点も多く存在することが改めて確認された。たとえば，バウムテストにおける形式分析や内容分析など，解釈の基盤となる観点は他の描画法と向き合う際にも有用

なものである。

　一方，近年の基礎研究の動向として，解析技術の発達により，より厳密かつ客観的な指標が導入されつつある。これまでの研究では，たとえば同じ面積という指標に対しても，研究者によって数量化の方法が異なることから，研究間における誤差も生じていた。しかし，新しい技術の導入により統一的な数量化の方法を共有できれば，個々の研究をまたいだ包括的な比較もしやすくなると考えられる。もう1つの課題は，このような数量的なデータを，実際の臨床現場で活用できるようにどのようにフィードバックしていくかということである。投影描画法の解釈に関しては，エビデンスに基づいた客観的評価の重要性と，テスターの臨床経験の積み重ねによる熟練の必要性の両面が指摘されてきた。これまでにも，主に基礎研究と事例研究という形で，この両面からの知見が蓄積されてきた。教育現場における活用を想定した場合，児童・生徒の描画作品と向き合うのは主に教師やスクールカウンセラーであると考えられる。一方で，これまでの基礎研究は，解釈仮説や心理アセスメントに関する一定の知識を前提とした検討が中心に行われてきた。投影描画法は，心理検査の1つであることから，その扱いには配慮が必要であり，テスターには十分な知識と熟練が求められるのは当然である。しかし同時に，教育現場におけるインフォーマルアセスメントの文脈から考えると，教室における生徒たちの描画作品をより良く理解するために，投影描画法の解釈のための視点が有効活用できることもまた事実である。生徒たちは心理検査として描画に取り組んだわけではないが，一般的な描画作品において出現頻度の高い樹木や人物といったアイテムには，描き手の様々な心理的特性が反映されていると考えられる。これまでの研究は，主に臨床心理学の専門家を対象としたものが中心であったが，教育現場における応用のためには，安全性などに十分配慮した上で，研究の知見の中から作品と向き合う際の視点を適切にフィードバックしていくことが大切であると考えられる。この際に，臨床心理学の専門家としてのスクールカウンセラーが重要な役割を担うことができるのではないか。スクールカウンセラーが臨床心理学的アセスメントの知識と技術を活かし，生徒理解に有効な解釈視点を提供し，ふだん生徒と関わる教師とともに彼らの表現に向き合うことで，総合的に生徒たちの内面にアプローチすることが可能になると考えられる。特に，投影法の

解釈においては，検査自体の結果のみでなく，周辺の情報と丁寧に照らし合わせながら解釈仮説を立てていくことが求められる。我が国の現在のスクールカウンセラー制度では，全てのカウンセラーが常駐しているわけではなく限られた勤務形態であるが，毎日の生徒の様子に寄り添う教師たちと連携することにより，互いの専門性を活かした教育現場ならではの描画法の活用の可能性が開けるのではないかと考えられる。

3 不登校傾向と社会的コンピテンス

3.1 教育現場における社会的コンピテンス

　本章では，中学生の不適応や不登校の問題について，データに基づいた分析結果から現状を概観していく。中学生における不登校生徒の数は，平成24年度で91,446人であり，9万人を超える生徒がなんらかの問題を抱え，学校に登校することの難しさを抱えている（文部科学省，2013）。

　このような不登校の要因の1つとして，社会的コンピテンスの不足が考えられる。社会的コンピテンスとは，青年期の発達において肯定的な結果をもたらすための社会的情緒的な能力と行動である（Bierman & Welsh, 2000）。具体的には，社会的コンピテンスは2種類の能力として構成されており，①否定的な感情を把握して統制する力，②社会的問題解決能力である。すなわち，社会的コンピテンスは，状況に応じて社会的スキルを選択し，実際に行われた行動の効果性，および対人状況の統制能力によって評価されるものである（Duck, 1989; Gresham, 1986）。そのため，社会的コンピテンスは，社会的スキルの上位概念として位置づけられている（柴田，1993）。

　実際に，社会的コンピテンスが不足している生徒は，普通の生徒と比較して，内在化問題（抑うつなど）のリスクが高くなること（Burt et al., 2008）や，外在化問題（非行など）のリスクが高くなること（Wang, 2009）が指摘されている。特に社会的コンピテンスと内在化問題の関連については，数多くの指摘がなされている。人気と抑うつ間の媒介変数として，社会的コンピテンスが関連している（Nangle et al., 2003）ことや，冷遇と内在化問題との間にも社会的コンピテンスが媒介していたとの指摘もある（Kim & Cicchetti, 2004; Shonk & Cicchetti, 2001）。また，社会的コンピテンスの低い生徒は，3年後に内在化し

20 第3章 不登校傾向と社会的コンピテンス

た問題をもつことも指摘されており（Hymel et al., 1990），長期的な観点から見ても社会的コンピテンスの不足が生徒に与える影響は大きい。

一方，外在化問題においては，適切な社会的スキルが欠如している青年は級友を拒絶する傾向にあり，他者の心理的問題を引き起こす要因となるとの指摘（Eisenberg & Fabes, 1992）や，社会的コンピテンスが行動的な問題と関連していることも指摘されている（Hoglund & Leadbeater, 2004）。その一方で，社会的コンピテンスと外在化問題との関連は長期的な観点からは見られなかったとの報告（Burt et al., 2008）もあり，社会的コンピテンスと外在化問題については一貫した結果が得られていない現状にある。

なお日本においては，社会的コンピテンスと内在化問題や外在化問題について調査した研究は少なく，社会的スキルと不登校傾向に焦点を当てた研究が多く見られる。社会的スキルと不登校との関連について調査した研究では，不登校生徒は登校生徒に比べて，自分から積極的に友人関係を築く力や自己主張力の得点が低いことが指摘されている（曽山ら，2004；朝重・小椋，2001）。また，不登校傾向とコミュニケーション力との間に負の相関があることについても指摘されている（五十嵐，2011）。このように社会的スキルやコミュニケーション力と不登校傾向は関連していることが示唆されている。その一方で，非行少年は親しい友人に対しては親和動機（親密な関係を維持したいという気持ちや相手から拒否されて1人になりたくないという思い）が高いために社会的スキルを高く示すが，同級生に対しては親和動機が低いために，社会的スキルを低く示すことが示唆されている（磯部ら，2004）。このように非行少年は社会的スキルを示す対象によって，社会的スキルの高さが異なっている。

以上より，内在化問題を基底とした不登校傾向（精神・身体症状を伴う不登校傾向等）と，外在化問題を基底とした不登校傾向（遊び・非行に関連する不登校傾向）とでは，社会的スキルの関連が異なることが示唆されている。そのため，上位概念である社会的コンピテンスにおいても，内在化問題を基底とした不登校傾向生徒と外在化問題を基底した不登校傾向では関連が異なる可能性が考えられるが，両側面の観点から調査した研究は見られない。そこで本研究では，不登校傾向の種類により社会的コンピテンスとの関連に相違が見られるかについて検討を行う。また，不登校傾向と悩み事の有無，相談できる人の有

無について調査することで，不登校傾向のタイプごとの悩みに関する状況を把握することを目的とする。

不登校傾向と社会的コンピテンスの関連の検討

▪ 3.2.1 調査対象・調査期間

A県内の公立中学校の1年生～3年生201名（男子103名，女子98名）を対象に自己記入式質問紙調査をX年4月に実施した。

▪ 3.2.2 調査内容

質問紙の内容は，基本情報（学年，性別等），不登校傾向尺度（五十嵐・萩原，2004），社会的コンピテンス尺度（Harter, 1982），悩み事の有無，相談できる人の有無について尋ねた質問項目で構成した。不登校傾向尺度は，「別室登校を希望する不登校傾向」3項目，「遊び・非行に関連する不登校傾向」4項目，「精神・身体症状を伴う不登校傾向」4項目の3因子，計11項目を用いた。「"あてはまらない（1）"～"あてはまる（4）"」の4件法で回答を求めた。社会的コンピテンス尺度では，Harterが作成したPerceived Competence Scale for Childrenの日本語版児童用コンピテンス尺度（桜井，1992）の中の「社会的コンピテンス」因子，10項目を用いた。「"いいえ（1）"～"はい（4）"」の4件法で回答を求めた。また，悩み事の有無については，「現在悩んでいることはありますか？」との質問項目に対して，「あり-なし」の2件法で回答を求めた。相談できる人の有無については，「相談できる人はいますか？」

Table 3-1. 社会的コンピテンス尺度内容

1．友達はたくさんいますか
2．クラスの中では，人気者だと思いますか
3．友達に，よくいじわるをされますか
4．自分が学校を休んでも，皆はあまり心配してくれないと思いますか
5．新しい友達を作るのはかんたんですか
6．友達は，よく遊びにさそってくれますか
7．クラスの中で，自分は，いなくてはならない人だと思いますか
8．友達には，好かれていると思いますか
9．クラスの人は，あまり自分を相手にしてくれないですか
10．もし転校することになったら，クラスの人はかなしんでくれると思いますか

22 第3章 不登校傾向と社会的コンピテンス

との質問項目に対して，「いる-いない」の2件法で回答を求めた。社会的コンピテンス尺度の内容を Table 3-1 に示した。

■ 3.2.3 分析方法

先行研究を参考にして，各尺度の Cronbach の α 係数より信頼性を確認した上で，尺度項目の平均値を因子得点として算出した。不登校傾向と社会的コンピテンスとの関連性については，Pearson の相関分析より検討した。さらに，悩み事の有群と無群，および相談する人の有群と無群との間に，不登校傾向得点や社会的コンピテンス得点において有意な差異が見られるかを検討するために，t 検定を実施した。

■ 3.2.4 倫理的配慮事項

実施校の教師に調査の趣旨・内容を書面と口頭で説明を行い，校長および担当教師の協議を経て同意が得られた。また，生徒に対して，自由意思による協力であることや，学業成績などとは関係はなく，回答者に不利益を生じることは一切ないことを説明した。また，データ入力後には，原本はシュレッダーによって廃棄を行うこととした。

■ 3.2.5 結　果

不登校傾向尺度と社会的コンピテンス尺度の平均値，標準偏差，信頼係数（Cronbach の α 係数）および相関係数を Table 3-2 に示す。なお，因子得点は，各尺度項目の平均値を使用している。別室登校を希望する不登校傾向や精神・身体症状を伴う不登校傾向は社会的コンピテンスと有意な負の相関関係が見られた。一方，遊び・非行に関連する不登校傾向のみ社会的コンピテンスとの間に有意な相関関係は見られなかった。

次に，悩み事有群と悩み事無群の間に，不登校傾向下位尺度得点および社会的コンピテンス得点において差が見られるかを検討した。その結果，別室登校を希望する不登校傾向（$t(86) = 3.25$，$p < .01$）と精神・身体症状を伴う不登校傾向（$t(103) = 4.83$，$p < .001$）については，悩み有群の方が無群より有意に得点が高かった（Table 3-3）。一方，社会的コンピテンス（$t(198) = -3.81$，$p < .001$）については，悩み事無群の方が有群より有意に得点が高かった。なお，遊び・非行に関連する不登校傾向については，有意な差が見られなかった。

続いて，相談する人有群と無群の間においても，同様に不登校傾向下位尺度

3.2 不登校傾向と社会的コンピテンスの関連の検討　23

Table 3-2.　不登校傾向と社会的コンピテンスの基礎統計量と信頼性，相関係数

	平均値	標準偏差	α係数	2	3	4
1 別室登校を希望する不登校傾向	1.45	0.70	.89	.413***	.642***	− .363***
2 遊び・非行に関連する不登校傾向	2.12	0.78	.76		.370***	− .078
3 精神・身体症状を伴う不登校傾向	1.70	0.71	.76			− .418***
4 社会的コンピテンス	2.74	0.51	.79			

***$p < .001$

Table 3-3.　悩み事有群・無群と不登校傾向・社会的コンピテンスの平均値および t 検定の結果

尺度名	悩み有群（65 名）		悩み無群（135 名）		t 値
別室登校を希望する不登校傾向	1.72	(0.91)	1.32	(0.54)	3.25**
遊び・非行に関連する不登校傾向	2.18	(0.81)	2.10	(0.76)	0.70
精神・身体症状を伴う不登校傾向	2.07	(0.78)	1.53	(0.61)	4.83***
社会的コンピテンス	2.55	(0.56)	2.83	(0.47)	−3.81***

**$p < .01$　***$p < .001$
注）（　）内は標準偏差。

Table 3-4.　相談する人有群・無群と不登校傾向・社会的コンピテンスの平均値および t 検定の結果

尺度名	相談する人有群（160 名）		相談する人無群（41 名）		t 値
別室登校を希望する不登校傾向	1.41	(0.66)	1.63	(0.82)	−1.88⁺
遊び・非行に関連する不登校傾向	2.07	(0.74)	2.32	(0.89)	−1.62
精神・身体症状を伴う不登校傾向	1.64	(0.70)	1.97	(0.72)	−2.62**
社会的コンピテンス	2.80	(0.48)	2.50	(0.87)	3.47**

⁺$p < .10$　**$p < .01$
注）（　）内は標準偏差。

得点および社会的コンピテンス得点において，差が見られるかを検討した。その結果，精神・身体症状を伴う不登校傾向（$t(199) = -2.72$，$p < .01$）については，相談する人無群の方が有群より有意に得点が高く，別室登校を希望する不登校傾向（$t(199) = -1.88$，$p < .10$）については，相談する人無群の方が有群より得点が高い有意傾向が見られた（Table 3-4）。一方，社会的コンピテンス（$t(199) = -3.47$，$p < .01$）については，悩み事無群の方が有群より有意に得点が高かった。なお，遊び・非行に関連する不登校傾向については，悩み事有群と無群，および相談する人有群と無群とに有意な差が見られなかった。

■ 3.2.6 考　察
　社会的コンピテンスは，別室登校を希望する不登校傾向と精神・身体症状を

伴う不登校傾向との間に相関が見られた。なお社会的コンピテンスの低い生徒や社会的に孤立している生徒においては，内在化した問題をもつことが示唆されていた（Hymel et al., 1990）。本研究においては，社会的コンピテンスが内在化問題の中でも別室登校や精神・身体症状といった不登校傾向との観点から支持する結果となった。

　また，本研究では悩み事有群は無群より，社会的コンピテンスが低く，別室登校を希望する不登校傾向や，精神・身体症状を伴う不登校傾向が高いことが示唆された。本研究のなかで具体的な悩み事の種類については尋ねていないが，社会的コンピテンスの低さが悩み事の有無に関連している可能性が推察できる。実際に，社会的コンピテンスが不足している生徒は，クラスメイトからの冷遇につながり，内在化問題へと発展することが指摘されている（Kim & Cicchetti, 2004; Shonk & Cicchetti, 2001）。すなわち，社会的コンピテンスが低いことで，クラス内での人間関係の悩みを抱えることにつながり，結果的に精神・身体症状につながっている可能性が考えられる。また，社会的コンピテンスが不足していることで，クラス内での居場所がなく，別室登校を望んでいる可能性も考えられるのではないだろうか。悩み事を抱えている生徒においては，社会的スキルや問題解決能力向上をはじめとした援助も視野に入れて，支援していく必要があると考えられる。

　また，このような悩みを抱えている生徒においても相談できる人がいることで，不適応問題までに至らないとされている（Hagen et al., 2005）。しかし，本研究結果では，相談する人の無群の方が，相談する人の有群より，社会的コンピテンス得点が低く，精神・身体症状を伴う不登校傾向が高い傾向が見られた。このことから，社会的コンピテンスが低く対人関係上で問題をもちやすい生徒においては，悩み事を抱えているとしても相談する人がおらず，精神・身体症状を主訴とした不登校傾向が見られる可能性が示唆された。すなわち，精神・身体症状が見られる生徒においては，悩み事を相談できずにいる状態であり，誰かに相談に乗ってほしいという気持ちが背景にあることが考えられる。山崎（1998）は，不登校傾向生徒は，助けてほしいときに助けてと言えずに体調不良によって表出することを指摘している。また，特に生徒が頭痛・腹痛などを訴え，しかも不調を訴える部位が変化する場合の多くは，心理的な問題を

抱えていることが示唆されている（森岡，1996）。そのため，精神面での訴えのみではなく身体面での訴えにおいても，その背景の悩みを意識しながら話を聴いていくことで，生徒との信頼関係を構築していく必要がある。

　なお，遊び・非行に関連する不登校傾向では，社会的コンピテンスとは相関が見られなかった。これは，非行少年が相手により社会的スキルを使い分けるとの指摘（磯部ら，2004）を支持する結果であったと推察される。すなわち，遊び・非行傾向の生徒は，グループ内で人間関係を構築するための努力はするなど関係が築ける一方で，親しくない友人においてはそのような努力をしないため，社会的コンピテンスとの関係が相殺され，有意差が見られなかったと考えられる。一方，遊び・非行に関連する不登校傾向は，悩み事有群と無群との間，および相談する人の有群と無群との間においても有意な差が見られなかった。これは，非行生徒が悩みを抱えられない特徴を有している（生島，1999）ことや，問題焦点型ストレスコーピングと負の関連がある点（Eggum et al., 2011）が関係している可能性がある。すなわち，遊び・非行生徒においては，心理的な問題をもっていたとしても悩みと認識することや，向き合うことが難しいため，行動化する特徴をもつ。そのため，外在化問題をもつ生徒においては，ともすると自分は悩み事がなく，相談する人も必要ないと考えている可能性も推察できる。しかし，外在化問題の生徒においては，大人との信頼関係をもつことや相談できることで，問題行動が減少することが指摘されている（Lifrak et al., 1997）。そのためには，自分の心の内に起きている不安や不愉快な体験を振り返るような落ち着いた時間と場所が必要であり，その中で共に悲しみ，落ち込みから立ち上がっていく生徒を理解し，支えていく支援（生島，1999）が必要である。

■ 3.2.7　結　　論

　本研究を通して，内在化問題を基底とした不登校傾向生徒と外在化問題を基底とした不登校傾向生徒では，社会的コンピテンス，悩み事の有無，相談する人の有無について異なる結果が得られた。内在化問題を基底とした不登校傾向（精神・身体症状を伴う不登校傾向）では，社会的コンピテンスも低く，悩み事があると感じながらも，相談する人がいない状態であることが示唆された。これらの生徒には，社会的コンピテンスを促進する介入を行うこと，および相

談に乗る体制を整えていく必要があると推察された。

　一方，外在化問題を基底とした不登校傾向（遊び・非行に関連する不登校傾向）では，社会的コンピテンス，悩みの有無，相談する人の有無について，有意な結果が得られなかった。このことは，ともすれば非行傾向の生徒には悩み事があまりないように捉えがちであるが，この点こそが彼らの配慮しなければならない点であろう。非行傾向の生徒は，悩みとして抱えられない点，および困ったことがたとえあったとしても，大人に自分からSOSを出すことが難しい特徴を有することの表れとも捉えられる。今後，非行傾向の生徒には，大人を信頼したいけどできない気持ちをくみとりながら，向き合い，サポートしていく必要がある。

　今後の課題としては，1つの学校で実施したものであるため，今後さらに都市部と他の地区等複数の地区で調査をしていく必要がある。本研究では社会的コンピテンスが社会的サポートや不登校傾向に因果関係を与えるかについては調査していないため，今後因果関係についても調査していく必要がある。また，事例を通した検討を行うことで，社会的コンピテンス，悩みの有無，社会的サポートが不登校傾向に与える影響過程について検討する必要がある。

4 学校適応と S-HTP の描画特徴

4.1 描画に現れる不適応のサイン

　前章では，社会的コンピテンスの観点から学校不適応の問題を捉えてきた。本章では，生徒たちの描画特徴に現れる不適応のサインについて考えていきたい。投影法は，病院や学校場面において，知的な面に加えパーソナリティをアセスメントするために頻繁に使用されている（Hammer, 1997）。投影法の特徴としては，質問紙等の自己記入式心理検査と比べ（Palmer, 1970; Merrill, 1994），意識的なバイアスや歪められた回答が少なく（Houston & Terwilliger, 1995），時間的な効率性は低いという点がある（Matto, 2002）。さらに，投影法はクライエントの本当の気持ちや経験をより原始的なチャンネルを通してクライエントとコミュニケーションすることにより，クライエントの無意識的で，隠された感情的な側面についても把握することができる（Hunsley et al., 2004）。しかしながら，投影法は妥当性に関しては熟慮すべき論争があるのも事実である（Motta et al., 1993; Smith & Dumont, 1995; Swensen, 1957）。先行研究では，投影法検査と解釈は有意に異なった診断を導く可能性が指摘されている（Groth-Marnat & Roberts, 1998; Harris, 1963; Kahill, 1984; Klopfer & Taulbee, 1976）。一方，投影法検査は適応（Marsh et al., 1991），不安（Sims et al., 1983），性同一性（Farlyo & Paludi, 1985; Houston & Terwilliger, 1995），衝動性（Oas, 1985），性的虐待（Riordan & Verdel, 1991）レベルに関するいくつかの領域について妥当性が実証されている。

　投影描画技法は，人を描くこと（Draw-A-Person: DAP; Machover, 1949; Human Figure Drawing: HFD; Koppitz, 1968），木を描くこと（Baum test; Koch, 1952）および家と木と人を描くこと（House-Tree-Person: HTP; Buck,

1948）を求める検査など様々な種類がある。木や人のみを描くテストは，1つの要素を描くことのみを求められるが，HTPテストでは，3つの要素を描く反応が求められ，それぞれの要素との関連や関係性をできる限り広い範囲を含めて検討することになる。HTPテストは，人と環境の関連についてアセスメントすることを主にして用いられているが，パーソナリティや対人関係，アイデンティティや情緒面について調べるためにも用いられている。Yan et al.（2013）は，中学生の自殺の可能性についてアセスメントするために，HTPを用いて特徴的な描画について検討した。本調査は，1,044名の中学生と高校生を対象とし，調査者は自殺に関連する質問紙調査とHTPテストとの関連について調査を行った。その結果，自殺願望のある生徒は，枯れた木や月，動物，水，そして小さい窓を描く傾向が見られた。さらにこれらの生徒は，綿密に描かれた描画の頻出は少なかった。これらの結果より，HTPテストに投影された描画の特徴は，自殺傾向生徒のアセスメントとし使用できる可能性が示唆された。

　HTPテスト（Buck, 1948）においては，クライエントのパーソナリティにおける心理学的側面について解釈するため，クライエントは検査者から家や木そして人について1枚ずつの用紙にそれぞれ描くことを求められる。このようなHTPテストをもとに，三上（1995）は，1枚の紙に3つ全ての要素を描く独自のS-HTPテストを開発した。三沢（2009）は，1枚の紙を用いるという点において，治療に抵抗がある抑うつ的な人たちにとっては，特に内的イメージを表現しやすくなる利点があると指摘している。また，家・木・人といった3つの要素間の関連を通して，意識と無意識と同じように自己と他者間の関連についてより理解することができ，心理的アセスメントとして有効であると言及している。それゆえ，今日S-HTPテストは，日本で非常に人気の心理検査のひとつである。なお，Fukunishi et al.（1997）は，S-HTPテストと質問紙を用いてアセスメントした拒食傾向の特徴と複雑なパーソナリティ特性との関連について検討した。質問紙調査はToronto Alexithymia Scaleの20項目を用いて，S-HTPテストとともに，589名の日本の大学生を対象に実施した。カイ二乗検定を実施した結果，本尺度で61点以上の失感情症の生徒たちは，S-HTPテストで人々の関連が乏しい絵を描いていた。一方，本尺度が61点よ

り低い生徒たちは，より健康的な関係性を人の絵を通して描いていた。それゆえ，調査者らは S-HTP テストを通して，失感情症や他者との関係性をアセスメントできる可能性についても指摘している。

学校不適応と S-HTP

　五十嵐・萩原（2004）は，不登校の前段階にある生徒を不登校傾向生徒と定義付けた。纐纈・森田（2011）は，質問紙調査と S-HTP を用いて青年期の友人関係のコミュニケーションスタイルと友人との関係について調査した。その結果，人物の表現が，描き手の感情・アイデンティティ・他者との関係のもち方などが投影される媒体として機能する可能性を指摘している。一方，高橋・橋本（2009）は，事例を通して，小さいサイズの木を描く生徒は，自己否定感や孤独感をもち，不登校生徒にもよく見られると報告している。このように，S-HTP は個人の心理学的側面との関連をもつ重要な媒介であることが指摘されており，事例研究より S-HTP と学校不適応との関連についても示唆されている。しかし，S-HTP と学校不適応について実証的に調査した研究はほとんど見られない現状にある。

　そこで，本研究では，木，家，人の描画面積と学校不適応との関連について，実証的研究を用いて検証を行う。特に S-HTP は，読み書きの能力に依存せず，また用意するものも鉛筆と紙のみであり，子どもや思春期の人々が簡易に実施できる。それゆえ，本研究では，スクールカウンセラーが心理的アセスメントの１つの方法として S-HTP を実施する可能性を探るために，社会的コンピテンスと不登校傾向といった学校不適応と S-HTP との関連に着目した研究を行う。

　なお，これまでに描画面積の重要性について指摘している先行研究はいくつか見られる。Machover（1949）は，描画の構造的な質について調査を行い，描画の大きさは他の描画の要素（線など）よりも信頼性の高い要素であることを強調している。Picard & Lebaz（2010）は，自由な描画環境下において，色よりも描画面積が，感情をより表現するために使われていると述べている。そこで，本研究では，学校不適応感と S-HTP の描画面積との関連について検証

30 　第 4 章　学校適応と S-HTP の描画特徴

を行うこととする。

　一方，女子と男子では描画方法に相違があるとの指摘もなされてきている（Burkitt et al., 2003; Sitton & Light, 1992）。Burkitt et al.（2003）は，描画におけるポジティブな題材とネガティブな題材を比較し，描画面積に違いが見られるかどうか検討した。その結果，女子より男子の方が，ポジティブな題材について大きく描いていることが示唆された。そのため，S-HTP の描写面積において性差が見られると考えられる。

仮説 1 ：S-HTP の各項目の描画面積において男性と女性との間に相違が見られる。

　先行研究では，木の描画面積と不適応との関連について調査した研究もいくつか見られる。たとえば，Mizuta et al.（2002）は，質問紙と投影法を実施し，摂食障害の心理学的・精神病理学的な特徴を検討した。その結果，摂食障害のクライエントは，樹幹の大きさと全体の木の大きさともに平均より小さく描く傾向が見られた。高橋・橋本（2009）も先述した通り，不登校生徒の事例より，木を小さく描く背景として自己否定感と孤独感について触れている。よって，以下の仮説を立てる。

仮説 2 ：木の描写面積は，学校不適応と有意な負の相関が見られる。

　人における描画面積と不適応との関連についても先行研究より指摘されている。特に深く退行した状態や，抑うつ状態にある人々は，人を小さく描くことが指摘されている（Gordon et al., 1980; Lewinsohn, 1964; Machover, 1949; Messier & Ward, 1998）。

　Lewinsohn（1964）は，描かれた人の大きさは抑うつ感情と負の相関があると仮説を立て，検証を行った。抑うつ患者 50 人の描画は，抑うつではない 50 人の描画と比較して，有意に人の描画面積が小さかったことを明らかにしている。Gordon et al.（1980）は，平均年齢が 10.53 歳の 166 人の男子と 182 人の女子を対象に，抑うつ症状について調査するために，Draw-A-Person test の

有用性について検証を行った。抑うつ症状は友人による評定，自己評定，教諭評定の3つの独立した方法でアセスメントされた。教諭の抑うつ評定と人の描画面積との間に負の相関が見られた。加えて，人の描画面積の大きさは，自尊感情や個人の適切性（personal adequacy）と非常に強く関連していた（Buck, 1948; Hammer, 1958; Koppitz, 1968; Machover, 1949）。平川（1993）は，統制群よりも非行少年の方が棒人間を描くことが多いことを指摘している。以上の先行研究の結果より，人の描画面積と不適応状態が関連している可能性が考えられ，以下の仮説を立てた。

仮説3：人の描画面積は学校不適応と有意な負の相関が見られる。

社会的コンピテンスとS-HTP

社会的コンピテンスにおける学校不適応との関連については，先行研究において指摘されている。Rubin & Rose-Krasnor（1992）は，社会的コンピテンスを人との良好な関係を維持すると同時に，社会的交流を通して個人的なゴールを達成する能力であると定義づけている。Irshad & Atta（2013）は，子どもと青年のいじめと社会的コンピテンスとの関連について調査し，社会的コンピテンスを向上させることにより，いじめを減らせることを示唆している。これらの先行研究は，不適応の状態を理解するために社会的コンピテンスを査定することの重要性を指摘している。

なお，木の描写には人の知性と抽象的思考が反映されることを実証した研究もある（Devore et al., 1976; Inadomi et al., 2003）。Devore et al.（1976）は，1,844名の非行青年のHTPテストを検証し，木に洞穴があったり，幹に傷がある絵を描く76名の青年と，これらの特徴がなかった76名の青年を比較した。その結果，木に洞穴を描いた青年はそうでない青年と比較して，有意に知的水準が高く，躁病尺度も低かった。他の研究では，社会的コンピテンスと言語能力との関連（Acra et al., 2009; Longoria et al., 2009）と同様に，社会的なコンピテンスと知性の間（Luthar & Zigler, 1992）には有意な正の相関が見られたとの研究もある。しかしながら，社会的コンピテンスとS-HTPの木の描写面

積の関連について調査した研究は見られない。そのため，本研究ではS-HTPの木の描写と社会的コンピテンスの関連について検証することで，青年期の社会的コンピテンスを査定する媒介としてS-HTPの位置づけについて検討することとする。

仮説 4：S-HTP の木の描画面積は社会的コンピテンスと有意な正の相関が見られる。

 S-HTP の形式的描画特徴と学校適応の関連

■ 4.4.1 調査対象

本研究は，中学 1 年生と 2 年生の生徒 130 名（男子 67 名，女子 63 名）を対象に実施した。

■ 4.4.2 研究素材と尺度

S-HTP を実施するために，HB の鉛筆と B5 サイズの紙を人数分準備した。描き手は，一枚の紙に家と木と人を描くように求められた。学校不適応を測定するために，中学生用学校不適応感尺度（五十嵐・萩原，2004）を使用した。不登校傾向尺度は，「別室登校を希望する不登校傾向」3 項目，「遊び・非行に関連する不登校傾向」4 項目，「精神・身体症状を伴う不登校傾向」4 項目，「在宅を希望する不登校傾向」2 項目の 4 因子，計 13 項目を用いた。「"あてはまらない（1）"～"あてはまる（4）"」の 4 件法で回答を求めた。社会的コンピテンス尺度では，Harter（1982）が作成した Perceived Competence Scale for Children の日本語版児童用コンピテンス尺度（桜井，1983）の中の「社会的コンピテンス」因子，10 項目を用いた。「"いいえ（1）"～"はい（4）"」の 4 件法で回答を求めた。

■ 4.4.3 手　順

S-HTP テストは，スキャナーを使ってデジタルデータに変換され，コンピューターで画像として扱った。家・木・人の各描画面積については黒く塗りつぶし，それ以外は白く塗り，二値化した。そのうえで，黒色の領域の割合を計算し，それらの値は，家・木・人の描画面積としてそれぞれ分析に使用した。

これらの過程は，コンピューターのプログラムソフトであるフォトショップ（Photoshop®）を利用した。

4.4.4 尺度の信頼性

まず，不登校傾向尺度の信頼性を確認した。五十嵐・荻原（2004）によると，本尺度は①「別室登校を希望する不登校傾向」，②「遊び・非行に関連する不登校傾向」，③「精神・身体症状を伴う不登校傾向」，④「在宅を希望する不登校傾向」の4因子が想定されている。しかし，本研究では，「在宅を希望する不登校傾向」は2項目のみであり，信頼性を確認することができなかった。他の尺度について，Cronbach の α 係数を用いて信頼性を検証した結果，①別室登校を希望する不登校傾向は $\alpha = 0.87$，②遊び・非行に関連する不登校傾向は $\alpha = 0.73$，③精神・身体症状を伴う不登校傾向は $\alpha = 0.76$ であり，信頼性が確認された。そのため，本研究では上記の3因子を使用することにした。続いて，社会的コンピテンス尺度の信頼性についても検討したところ，$\alpha = 0.76$ であり概ね信頼性を得ることができた。

描画面積と各尺度の平均，標準偏差，範囲については Table 4-1 に示した。

4.4.5 性別による検討

生徒の性別による描画の特徴に相違が見られるか t 検定を実施した。家の描画面積において男子と女子の間に有意な相違が見られた。木と人の描画面積および不登校傾向尺度と社会的コンピテンス尺度においては有意な性差は見られなかった（Table 4-2）。

Table 4-1.　各変数の平均と標準偏差（$N=130$）

	平均	標準偏差	範囲	可能な範囲
家	12.78	12.41	0.0-60.5	
木	9.96	9.96	0.0-54.5	
人	3.3	5.36	0.0-31.1	
別室登校を希望する不登校傾向	1.43	0.65	1.0-4.0	1.0-4.0
遊び・非行に関連する不登校傾向	2.05	0.75	1.0-4.0	1.0-4.0
精神・身体症状を伴う不登校傾向	1.65	0.69	1.0-3.5	1.0-4.0
社会的コンピテンス	2.73	0.49	1.3-3.7	1.0-4.0

34　第 4 章　学校適応と S-HTP の描画特徴

Table 4-2.　S-HTP の描画面積と不適応関連尺度における性差　（*N*=130）

	性別	N	df	平均	標準偏差	t	p
家	男	67	110.51	15.11	14.63	2.28	0.03
	女	63		10.3	8.97		
木	男	67	128	9.2	9.31	−0.89	0.38
	女	63		10.76	10.63		
人	男	67	128	2.57	4.92	−1.62	0.11
	女	63		4.08	5.71		
別室登校を希望する不登校傾向	男	67	119.25	1.37	0.58	−1.11	0.27
	女	63		1.49	0.72		
遊び・非行に関連する不登校傾向	男	67	128	2.14	0.74	1.36	0.18
	女	63		1.96	0.76		
精神・身体症状を伴う不登校傾向	男	67	117.63	1.59	0.60	−1.03	0.31
	女	63		1.72	0.77		
社会的コンピテンス	男	67	128	2.73	0.46	−0.2	0.84
	女	63		2.74	0.52		

■ 4.4.6　S-HTP の描画面積と不登校傾向尺度および　　社会的コンピテンス尺度との関連

　仮説 2 ～ 4 では，S-HTP の各項目の描画面積と学校不適応との間に負の相関が見られると想定したため，両者について相関分析を行った（Table 4-3）。その結果，家，木，人の描画面積と全ての尺度との間に低い相関が見られたが，いくつかは有意な相関が見られた。木の描画面積は，別室登校を希望する不登校傾向と有意な負の相関（$r=-.23$）が，社会的コンピテンスとは有意な正の相関（$r=.23$）が見られた。人の描画面積は，遊び・非行に関連する不登校傾向と有意な負の相関（$r=-.20$）が見られた。家の描画面積については，尺度との有意な相関は見られなかった。

Table 4-3.　S-HTP の描画面積と学校不適応関連尺度との相関

Variable	1	2	3	4	5	6
1．家						
2．木	−.11					
3．人	.02	.22*				
4．別室登校を希望する不登校傾向	−.14	−.23**	.03			
5．遊び・非行に関連する不登校傾向	−.05	.11	−.20*	.37***		
6．精神・身体症状を伴う不登校傾向	−.12	−.08	.01	.66***	.32***	
7．社会的コンピテンス	.04	.23**	.16†	−.44***	−.04	−.30**

†$p<.10$　*$p<.05$　**$p<.01$　***$p<.001$

4.5 考　　察

　本調査結果より，女子生徒より男子生徒の方が家の描画面積が大きかった。そのため，家の描画面積においてのみ有意な性差が生じることが明らかとなり，仮説 1 は一部支持された。男子と女子では描画において異なった表現方法を行うことが実証研究より示唆されていた（Burkitt et al., 2003; Sitton & Light, 1992）。Burkitt et al.（2003）はポジティブな題材の描画面積においては，ネガティブな題材より，描画面積が大きいかどうか 4 歳〜11 歳の 258 名の子どもたちを対象に調査した。その結果，男子の方が女子より大きく絵を描いていることが明らかになった。本研究においても男子の方が女子よりも特に家について大きな絵を描いており，先行研究を支持する結果となった。この背景としては，家の大きさは描き手にとって家族の存在価値，家族の依存度を示すこと（三上，1995）が関連していると考えられる。また大野（2002）は，同学年の男女を比較すると，中学生以上で女子の方が自我発達水準の高い者の割合が多く，自己意識的水準については，女子では中学 2 年生から存在するのに対して，男子では高校 1 年生まで見られなかったと指摘している。このように男子の方が女子より自我発達水準が低く，男子の方が家族に精神的に依存している可能性が示唆され，それが家の大きさに反映されたと考えられる。

　続いて，木の描画面積は，別室登校を希望する不登校傾向と負の有意な相関関係が見られた。木の描画面積は人の情緒面における歴史や精神的なエネルギーを反映していると指摘されていた（Mizuta et al., 2002; 高橋・橋本，2009）。また，Mizuta et al.（2002）は，摂食障害のクライエントは，樹幹の大きさと全体の木の大きさをともに平均より小さく描く傾向が見られたと報告している。その上で，木の描画面積は，私たちの生活における精神的なエネルギーと自己表現の度合いを象徴しているのではないかと指摘している。高橋・橋本（2009）は，特に極端に小さい木は自己否定感や孤独感を示し，不登校傾向の生徒に多いと報告していた。本研究においても先行研究を実証的な観点より支持する結果となった。

　続いて，人の描画面積は遊び・非行に関連する不登校傾向と有意な負の相関

36 第 4 章 学校適応と S-HTP の描画特徴

関係が見られ，仮説 3 を支持する結果となった。平川（1993）は，非行少年の方が対照群と比較して，棒人間が出現しやすいとの結果を示している。本研究においても非行傾向生徒は人の面積が小さかった点からも，先行研究を支持する結果となった。同様に，人の描画面積は抑うつ症状と自尊感情との関連があると指摘されていた（Buck, 1948; Gordon et al., 1980; Hammer, 1958; Koppitz, 1968; Lewinsohn, 1964; Machover, 1949）。Messier & Ward（1998）は，非行青年において高い能力と抑うつとの間に有意な正の相関が見られたと報告している。加えて，この調査では，能力の高い非行生徒は，熟考を求められる状況下において，同時に複数のことを考えることによって抑うつ的となり，脆弱性が高まる可能性についても示唆している。そのため，抑うつを査定することは，非行を減少させるために必要な視点であると指摘している。そして，抑うつを防ぐためには，彼らの自己信頼感を高める経験を蓄積していく作業が重要であることが強調されている。

　三上（1995）は，人間像は意識に近い部分での現実の自己像や理想的な自己像を反映するといっている。そのため，人が過度に小さく描かれる場合には自信のなさや不安感等を反映していると指摘している。同時に，人間像は両親などの自分にとって重要な人物をどのように認識しているかを反映する場合もあると述べている。鈴木（2010）は，非行傾向青年は特に両親や大人に対して不信感をもつことが多いと指摘している。以上より，本研究結果からも非行傾向少年は他者への不信感を抱えているとともに，自信のない状態であることが鑑みられ，先行研究は支持された。今後，人を小さく描いている生徒には，自信が得られる体験を積み重ねていくことで抑うつと自尊感情の低下を防ぐことにより，非行行動を抑制する可能性も推察された。

　最後に，木の描画面積は，社会的コンピテンスと正の相関関係が見られ，仮説 4 を支持する結果となった。人の知性と抽象力は木の描写に反映されることが実証的研究より支持されていた（Devore et al., 1976; Inadomi et al., 2003）。また，社会的コンピテンスは知性（Luthar & Zigler, 1992）や言語能力（Acra et al., 2009; Longoria et al., 2009）と有意な正の相関があることも指摘されてきている。これらの先行研究において，木の描写と社会的コンピテンスに関係がある可能性についても言及されていた。本研究については，これらの仮説を木

の描画面積の観点から支持する結果となった。

　以上の結果より，木を小さく描く生徒は社会的コンピテンスが低く，別室登校傾向が高い状態であることが推察される。すなわち，木を小さく描く生徒の中には，社会的コンピテンスが不足していることで，クラスにいることが難しく別室登校を希望する気持ちが高まっている生徒もいると考えられる。そのような生徒たちには，ソーシャルスキルトレーニング等の社会的コンピテンス向上のプログラムを行うことや，級友との関係を強化するための働きかけが必要であると考えられる。

 まとめ

　近年，日本の学校場面において不登校は大きな問題となっている。現在は自己記入式の質問紙を使って不適応状態や不登校傾向を査定する方法が主に行われているが，質問紙調査における限界も指摘されている。本研究では，S-HTPテストと学校不適応との関連について調査を行うことで，S-HTPの描画面積は学校不適応を把握する1つの指針としての可能性を示すことができたと感じている。しかしながら本研究の調査対象者は日本の中学生に限られており，地域差，文化差や学年差については検討することができなかった。今後は，さらに多くの地域・学校で調査を行う必要がある。そのうえで，投影描画法を学校場面でスクールカウンセラーがアセスメントとして活用する可能性について今後さらに深く検討していきたい。

5 S-HTPに表現されるパーソナリティ

5.1 S-HTPとパーソナリティ特性

　これまでは，主に適応という観点から描画特性の検討を行ってきたが，ここでは，パーソナリティのアセスメントとしての描画法に目を向けてみたい。HTP法は，もともと，描画者のパーソナリティや無意識的側面を測定する目的から開発されたものである。これまでに，他の性格検査などとの比較を通して，HTP法の妥当性を検討する試みが行われてきた。たとえば，Marzolf & Kirchner（1972, 1973）は，多面的にパーソナリティ特性を測定できる質問紙検査である16-PFを用いて，HTPの描画特徴との関連を検討している。また，Soutter（1994）は，オマーンとアイルランドの子どもたちによる描画を比較した結果，家や木の特徴がパーソナリティ特性を反映している可能性を指摘している。日本においては，描画特徴とコミュニケーションスタイルの関連（纐纈・森田，2011）やアレキシサイミア傾向との関連（Fukunishi et al., 1997）などが検討されている。また，不安定なアイデンティティが脆弱な人物表現に投影されるという知見（青山・市川，2006）も示されている。このように，パーソナリティに代表される心理特性と描画特徴の関連が検討されているものの，統計的なエビデンスの数は十分とはいえないことが現状である。数量的な研究が少ない背景としては，描画特性の定量化が難しいことが挙げられる。S-HTP法はもともと投影法として発展してきたものであり，質問紙法などでは測ることが難しい，本人も意識していない無意識的な心の力動にアプローチすることが魅力の1つである。このような特徴から，臨床現場では検査者が経験に基づき，描画特性を総合的に解釈していくことが求められている。一方，近年では画像処理の技術の発達に伴い，芸術療法や投影描画法の基礎研究にお

いても描画特性を数値化する試みが行われている。たとえば，今村（2001）は，コラージュ作品における表現領域を画像処理ソフトウェアを用いて正確に測定し，統合失調症者の作品と統制群の作品の比較を行っている。Kato & Morita（2009）も，レゴブロックを用いた作品の表現領域を同様の手法を用いて計測している。このように，新たな計測手法を用いることで，投影描画法を用いたアセスメントに関する数量的なエビデンスを示すことができると考えられる。そこで，本研究では，S-HTPにおける各アイテムの表現領域（大きさ）に着目した検討を行う。

パーソナリティ理論の1つとして，Big Five 理論（Tupes & Christal, 1961; Norman, 1963; Goldberg, 1981）がある。これは，外向性，協調性，誠実性，神経症傾向，開放性の5つの因子からパーソナリティを捉えるものである。曽我（1999）は，この理論に基づき，子どもを対象とした質問紙尺度を作成した（the Five-Factor Personality Inventory for Children; FFPC）。質問項目が簡便であり，少ない項目数からパーソナリティ特性を測定できることが特徴である。本研究では，このFFPCを用いて，中学生のパーソナリティを測定し，S-HTPの各アイテムの表現領域との関連を検討する。

パーソナリティ特性と描画の形式的特徴の関連

■ 5.2.1 調査対象・手続き

186人の中学生（男子97人，女子89人）を対象に調査を実施した。学年の内訳は，1年生65人，2年生60人，3年生61人であった。調査は公立中学校で実施された。S-HTPに関しては，前章までと同様にHBの鉛筆とB5サイズの用紙が用意され，用紙上に家・木・人を含む絵を描くことが求められた。FFPCに関しては，全40項目への回答が求められ，あてはまらない（1点）～あてはまる（3点）の3件法で得点化が行われた。

S-HTPの描画はコンピュータに画像データとして取り込み，Photoshop®を用いた画像処理を施し，各アイテムの表現領域の大きさが測定された。FFPCは，外向性，協調性，統制性，情緒性，開放性の5つの下位尺度得点が算出された。

■ 5.2.2 結　果

　FFPC の各下位尺度について，α 係数を算出した結果，いずれの因子においても十分な値が認められた（外向性（α = .74），協調性（α = .72），統制性（α = .69），情緒性（α = .82），開放性（α = .80））。各因子の平均値と標準偏差は下記の通りであった（外向性（$M = 1.91$, $SD = 0.27$），協調性（$M = 1.81$, $SD = 0.30$），統制性（$M = 2.21$, $SD = 0.40$），情緒性（$M = 2.17$, $SD = 0.54$），開放性（$M = 2.19$, $SD = 0.55$））。

　まず，FFPC の得点と S-HTP における各アイテムの表現領域の関連を概観するため，両者の相関係数を算出した。結果を Table 5-1 に示した。パーソナリティ特性が S-HTP のアイテムの表現領域に影響を与えるという仮説に基づき，構造方程式モデリングを用いてモデルを構築した。モデルの適合度および各パスの影響の強さを吟味し，有意でないパスを削除しながら最適なモデルを検討した。最終的に Figure 5-1 に示すモデルを採用した。このモデルでは，情緒性が人物の大きさにネガティブな影響を与え（$p < .01$），開放性（$p < .01$）と協調性（$p < .05$）が人物の大きさにポジティブな影響を与えている。また，統制性は家の大きさ（$p < .10$）と木の大きさ（$p < .10$）にポジティブな影響を与えている。モデルの適合度は十分であった（$\chi^2(18) = 19.52$, $n.s.$, GFI = .974, AGFI = .949, CFI = .984, RMSEA = .021）。

Table 5-1.　FFPC の下位因子と S-HTP における表現領域の相関

	外向性	協調性	統制性	情緒性	開放性	家	木
協調性	0.186*						
統制性	0.013	−0.298**					
情緒性	0.107	0.363**	−0.293**				
開放性	0.143	0.157*	−0.013	0.348**			
家	0.033	−0.02	0.141	0.006	0.084		
木	0.025	−0.115	0.142	−0.08	0.078	0.132	
人	0.139	0.123	0.099	−0.108	0.16*	0.06	0.015

**$p < .01$　*$p < .05$

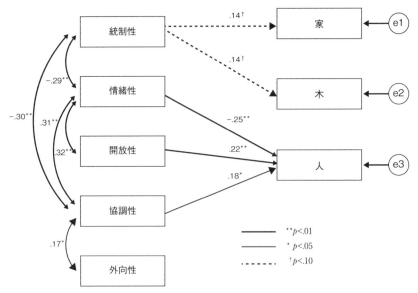

Figure 5-1. FFPC の下位因子と S-HTP における表現領域の影響関係

5.3 考 察

　人間の表現領域に関して，開放性と協調性がポジティブな影響を与えていることが認められた。これは，開放性や統制性が高い人は，より大きな人物像を描く傾向があることを示している。Big Five 理論における開放性は，正確には「経験への開放性」と呼ばれている。これは，新しい経験に対してどの程度オープンな態度を示すかを表すものであり，好奇心の強さなどとも関連するものである。Steel et al.（2008）は，この開放性と主観的幸福感の関連を指摘しており，開放性の高い人は，身の回りの環境に対して積極的に関わり，ポジティブに評価し，そこから得る満足度も高いと考えられる。また，協調性は，他者との関係をいかに良好に維持するかということに関わるものであり，ソーシャルスキルの高さとも密接に関わっている。そのため，学校場面においては，協調性の高い生徒は，クラスメイトや教師などとの関係性においても良好な関係を築き，それを保とうとする傾向があると推測される。開放性や協調性が高

い人は，まず，自分自身や他者に対する関心の強さを内面に有していると考えられる。この「人」という存在に対する興味関心の大きさが人物像の大きさに影響を与えているのではないだろうか。また，桜井（1984）は，描画者自身のコンピテンスや自信が人物画の大きさに影響を与えることを指摘している。開放性や協調性が高い生徒は，他者との関係をよりポジティブなものとして捉えやすく，そのことが対人関係における自信につながっていると考えられる。三上（1995）が指摘しているように，S-HTP における人物画は理想自己や現実の自己イメージを投影していると考えられる。対人関係上の自信が，現実自己や理想自己のイメージを安定したポジティブなものとして補強し，それが人物像の大きさとして表れているのではないだろうか。

　対照的に，情緒性は人物像の大きさにネガティブな影響を与えていることが認められた。これは，情緒性が高い人ほど人物像が小さい傾向を表している。情緒性とは，基本的には心配性であったり，ものごとを悲観的に捉えやすい傾向を表している。Schmidt & Riniolo（1999）は，情緒性は社会不安やシャイネスと関連していることを指摘している。このことから，開放性や協調性が高い人とは対照的に，情緒性が高い人は新しい環境に身を投じたり，新たな人間関係を構築することにためらいを感じたり消極的になりやすいと考えられる。このような特性が，人物画の大きさを抑制する要因になっているのではないだろうか。

　また，統制性が高い人の作品では，家や木の大きさが大きい傾向が示された。これまで述べてきた他のパーソナリティ特性と異なり統制性の影響は有意傾向に留まっているため注意が必要であるが，統制性と描画特性の関連について考察してみたい。統制性とは，真面目さや正直さを表す特性である。また，FFPC における統制性は項目内容としてリーダーシップや他者とともに働くことに関する要素を含んでいる。Brown et al.（2006）は，統制性と自己効力感・自尊感情の間にポジティブな関連があることを示している。思春期を迎える中学生にとっては，統制性を促進するためには，他者との関係性，とりわけ両親や家族との関係性が基盤になると考えられる。思春期の時期はアイデンティティの形成が重要な発達課題となる。アイデンティティや自己効力感の形成のためには，両親との関わりや家族の役割が重要であると考えられる。このよ

44　第5章　S-HTPに表現されるパーソナリティ

うな関連から，統制性の高い生徒は家族機能や家族イメージが安定しておりポジティブなイメージを抱きやすいため，より大きな家を描きやすいのではないだろうか。また，木の大きさとの関連について，綱島（1992）は，活動性の高い人の樹木画では，より高い木が描かれやすいことを示している。Schouws et al.（2015）が，高い統制性は積極的なコーピングスタイルと関連していると述べていることからも，本研究における統制性の高さはその人自身が他者や外界に対して積極的に関わり対処しようとする姿勢を反映していると考えられる。また同時に，統制性の高い人は自分の行動や思考に関して，その主体が自分自身にあることを自覚し，適切にコントロールすることができていると考えられる。このような特性が無意識的な自己イメージに対する肯定感につながり，豊かで大きな木として表出されているのではないか。

　これまで，大きな人物や木の描画に関してポジティブな文脈から考察をしてきたが，投影描画法の解釈においては一義的な解釈をすることにはリスクも伴うため，その点を補足しておきたい。過度な開放性や統制性への自信は，時として肥大化した自我を生み出す可能性もある。本研究のモデルは統計的な傾向から導き出されたものであるため，サンプルとなった中学生の描画の一般的な傾向を示すものである。しかし，個々の作品に目を向けると，外れ値とも呼べるような，たとえば極端に大きな人物や木が描かれている作品があるのも事実である。このような作品と向き合う際には，単純に大きさだけに注目するのではなく，その質的特徴や他のアイテムとの関連性などから総合的に評価することが求められる。次章では，このような観点から，描画の全体的な印象に目を向けて検討していきたい。

6 S-HTP描画作品における総合印象評定

 印象評定という解釈視点

　前章までは，人物像の関係性や表現領域の大きさなど，主に描画の内容や形式に焦点を当てた検討を重ねてきた。本章では，描画作品の全体的な印象からの解釈視点について考えていきたい。

　本書におけるこれまでの知見のみでなく，描画作品の形式的な特徴に注目した研究は近年も行われている（Nan & Hinz, 2012）。また，内容分析に関しては，sign-based approach（Betts, 2012）という考え方も重視されている。これは，描画の中に投影される特定のサインに着目し，解釈を行うものである。これらのアプローチに加え，表現されたアイテムどうしの関連や，全体的な印象に目を向けることもまた重要である。特に，本書の主題であるS-HTP法や動的家族画など，複数のアイテムを含む技法では，この視点は重要である。このような観点に基づき，Fury et al.（1997）は，家族画の解釈のためのアセスメントツールの活用を提唱している。この指標では，評定者は活動性，脆弱性，孤独性などの観点から描画の総合的な印象を評定していく。Goldner & Scharf（2011）は，この指標を用いて，描画者の愛着スタイルやパーソナリティとの間に有意な関連があることを示している。これらの先行研究の結果が示すように，作品の総合的な印象を用いたアセスメントに関する知見を積み重ねることには意義があると考えられる。実際に，臨床場面においては，テスターが自身の経験に基づき，作品から受ける全体的な印象を解釈の手がかりとして活用している。しかし，印象を用いて的確なアセスメントをするためには，テスターの長年の経験に裏付けられた感性が必要となるため，初心のテスターにとっては戸惑いを感じることも多い。もちろん，投影描画法の解釈は一朝一夕で身に

つくものではなく，テスターとして鍛錬を重ねることが求められる。しかし，同時に，これから経験を積んでいくカウンセラーのために，印象評定をする際の具体的な手がかりを示していくことも重要であると考えられる。本研究では，実際にスクールカウンセラーとして現場で描画法に触れている人たちが，作品の印象評定をするにあたって具体的にどのような点に着目しているかを統計的な手法を用いて明らかにすることを目的とする。そして，総合印象評定のためのツールを開発することを目的とする。

6.2 総合印象評定尺度の作成

■ 6.2.1 予備調査

　印象評定スケールの作成の最初のステップとして，臨床心理学を専攻する7人の大学院生に，S-HTP描画作品の全体的な印象を表す形容詞をできるだけ多く挙げるように自由記述形式で予備調査を行った。ここで挙げられた形容詞をもとに，三上（1995）や渡部・土屋（1995）などで用いられている形容詞を参考に項目を吟味し，35項目を選定した。これらの項目をまとめ，「あてはまらない」（1点）から「あてはまる」（5点）の5件法で評価を行う描画総合印象評定尺度（the Scale for Total Impression of Drawings; STID）とした。

■ 6.2.2 描画の評定

　まず，中学生による146のS-HTPの描画を収集した。その中から男女の偏りが生じないように配慮し，30作品（男子の作品15，女子の作品15）をランダムに選定した。スクールカウンセラーとしての経験を有する6人の臨床心理士に，STIDを用いて30作品を評定することが求められた。

■ 6.2.3 結　果

　はじめに，合計180（30作品×6人による評定）の評定結果を対象に，探索的因子分析（最尤法，プロマックス回転）を用いてSTIDの因子構造の検討を行った。その結果，4因子構造が最も適切であると判断された。9項目に関しては，複数の因子に対して高い負荷を示していたり，いずれの因子に対しても一定の負荷量をもたないことから残余項目として扱った。残りの26項目が「活動性」，「穏健性」，「テーマ性」，「現実性」の4つの因子に分類された。探

6.2 総合印象評定尺度の作成 47

Table 6-1. STID における探索的因子分析結果

	Factor1	Factor2	Factor3	Factor4
Factor1 活動性				
自信のある	0.825	0.149	−0.164	0.217
力強い	0.805	0.222	0.039	−0.084
堂々とした	0.793	0.164	−0.12	0.199
エネルギーのある	0.773	0.024	0.147	−0.036
重量感のある	0.772	0.39	−0.088	−0.104
迫力のある	0.759	0.051	0.201	−0.200
大きい	0.634	0.179	−0.042	0.145
いきいきした	0.573	−0.157	0.249	0.326
はっきりしている	0.536	0.088	0.165	−0.159
Factor2 現実性				
堅実な	0.183	0.833	−0.212	−0.050
丁寧な	0.306	0.774	−0.026	−0.063
几帳面な	0.247	0.715	−0.118	−0.107
現実的な	−0.013	0.642	−0.133	0.148
写実的な	0.070	0.639	−0.058	−0.063
慎重な	−0.191	0.576	−0.017	−0.195
秩序のある	−0.137	0.53	0.299	−0.032
繊細な	−0.320	0.406	0.020	0.045
Factor3 テーマ性				
ストーリー性のある	0.057	−0.169	0.864	0.053
テーマ性のある	0.039	−0.128	0.855	0.045
羅列的な	0.012	0.046	−0.675	−0.035
統一感のある	−0.167	0.255	0.595	0.224
まとまりのある	−0.093	0.368	0.536	0.127
人目をひく	0.312	−0.286	0.522	−0.181
動きのある	0.324	−0.215	0.482	0.087
奥行きのある	0.219	0.308	0.459	−0.122
Factor4 穏健性				
あたたかい	0.143	−0.031	0.162	0.760
やわらかい	−0.318	−0.09	0.152	0.718
明るい	0.397	−0.116	−0.049	0.682
おだやかな	−0.037	0.119	0.005	0.674
Remaining items				
楽しい	0.436	−0.253	−0.018	0.616
奇妙な	−0.055	−0.386	0.112	−0.469
バランスがとれている	0.017	0.436	0.455	0.161
のびのびした	0.574	−0.188	−0.012	0.472
不思議な	0.011	−0.39	0.116	−0.349
陰影のある	0.001	0.291	0.115	−0.189
因子間相関				
Factor1		0.07	0.46	0.26
Factor2			0.21	0.15
Factor3				0.20

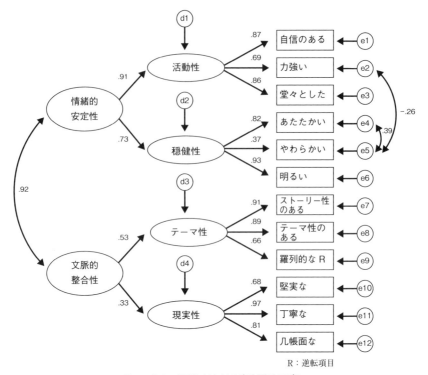

Figure 6-1. STIDにおける高次因子モデル

索的因子分析の結果をTable 6-1に示した。

　探索的因子分析の結果をもとに，構造方程式モデリングを用いた確証的因子分析を行った。ここでは，高次因子を想定し，2層から成るモデルを想定した。まず，探索的因子分析の結果をもとに，各因子において負荷量の高かった3項目を選定した。選ばれた各3項目によって「活動性」，「穏健性」，「テーマ性」，「現実性」の4因子が形成されるモデルを作成した。具体的には，「活動性」には「自信のある」，「力強い」，「堂々とした」が含まれ，「穏健性」には，「あたたかい」，「やわらかい」，「明るい」が含まれる。また，「テーマ性」には，「ストーリー性のある」，「テーマ性のある」，「羅列的な」（逆転項目）が含まれ，「現実性」には「堅実な」，「丁寧な」，「几帳面な」が含まれる。さらに，高次因子として，「情緒的安定性」と「文脈的整合性」の2つを想定した。「情緒

安定性」には「活動性」と「穏健性」が含まれ,「文脈的整合性」には「テーマ性」と「現実性」が含まれる。いずれの因子においても十分な信頼性が確認された(「活動性」α＝.84,「穏健性」α＝.78,「テーマ性」α＝.86,「現実性」α＝.86,「情緒的安定性」α＝.82,「文脈的整合性」α＝.71)。また,モデル全体の適合度も十分なものであった(CFI＝.972, GFI＝.934, IFI＝.973, RMSEA＝.061)。Figure 6-1 に STID における高次因子モデルを示した。

評定者間の評定の一致率を確認するため,各因子における級内相関係数(ICC)を測定した。その結果,いずれの因子においても有意な相関が認められた(「活動性」ICC＝.45,p＜.01,「穏健性」ICC＝.46,p＜.01,「テーマ性」ICC＝.66,p＜.01,「現実性」ICC＝.54,p＜.01,「情緒的安定性」ICC＝.43,p＜.01,「文脈的整合性」ICC＝.67,p＜.01)。

（6.3）考　察

本研究の目的は,S-HTP の総合印象評定を行うための尺度を開発することであった。探索的因子分析,確証的因子分析の両者の結果から,作品の全体的な印象を評価する際に有用な視点を示すことができたと考えられる。各因子の特徴について考察を深めていきたい。

まず,「活動性」と「穏健性」は,描き手の気分状態やパーソナリティを反映する指標であると考えられる。活動性や活気は気分状態を構成する基本的な因子の 1 つである(McNair et al., 1971)。また,穏健性は協調性の主たる側面となるものであり(Ashton et al., 2004),他者との良好な関係性を築くことに深く関連している。そのため,穏健性は,特に他者とのコミュニケーションのとり方の側面からパーソナリティを理解する際に有用な指標であると考えられる。確証的因子分析の結果,「活動性」と「穏健性」は同じ「情緒的安定性」という高次因子を形成することが認められた。情緒的安定性という側面は,実際の臨床場面において投影描画法を活用する際に,クライエントのパーソナリティや精神的健康度を評価する上で欠かすことのできないものである。S-HTP の描画特性が描画者のパーソナリティを投影するということはかねてから指摘されてきたことであるが,作品の全体的な印象という観点から統計的

50 第6章 S-HTP 描画作品における総合印象評定

なエビデンスに基づいた知見を提供することが本研究の意義であると考えられる。臨床場面においてクライエントの作品に対峙する際，熟練したセラピストは長年の経験に基づいて，病態水準や精神的健康度のアセスメントを行う。本研究における分析の結果，「情緒的安定性」という因子が抽出されたことは，臨床経験に基づく作品の見方に統計的なエビデンスの裏付けを与えるものである。これまでに述べてきた通り，情緒的安定性は総合的な心理的健康度の指標として理解することができる。従来のアセスメントにおいては，感覚的に評価されることが多かったが，本研究の結果から，情緒的安定性は活動性と穏健性，つまり，エネルギーと柔軟さを兼ね備えることによって評価されることが示された。もちろん，これらの視点だけが唯一ではないことは心に留めておかなければならないが，これから描画法を用いたアセスメントを習得するカウンセラーにとっては，こういった観点から作品を眺めることは理解のための助けになると考えられる。

　描画のアセスメントに際して，形式的・内容的特徴から作品を評価することもまた重要である。たとえば，今回抽出された「現実性」という因子は，全体のバランスや，空間の取り方，描線の堅実性などと関連していることから，描画の形式的特徴を反映したものであると捉えることができるだろう。近年の研究では，Nan & Hinz（2012）が空間や描線の質などの形式的特徴の重要性を指摘している。これらの先行研究が示しているように，形式的特徴に基づいた印象としての現実性は，作品を評価する上で重要な観点であると考えられる。また，「テーマ性」は，作品の内容的側面と深く関わっている。特に，テーマ性は作品全体のまとまりやストーリーから評価されるため，描かれたアイテムどうしの関連性が重要なポイントとなる。たとえば，描かれた人物どうしに関連が認められたり，家や木と人物が相互に関連性や物語性をもっている場合，評定者はその作品にテーマ性があるという印象をもちやすいと考えられる。これまでの先行研究においても，印象評定のためのスケールを開発する試みは行われてきて活用されている（渡部・土屋，1995 など）。しかし，従来の尺度は，たとえば樹木など，特定のアイテムに限ってその印象を評価するものが中心であった。この点について，STID は，複数のアイテムどうしの関連性も含め，総合的に作品の印象を評価できる点が新しさであると考えられる。さらに，

「現実性」と「テーマ性」は「文脈的整合性」という高次因子に収束する。この文脈的整合性は，分かりやすくいうと，その作品が現実性を基盤にもちながら，ストーリーやテーマを有しているということを指す。そのため，文脈的整合性のある作品は，全体的なバランスがとれており，現実検討に基づいた了解可能なストーリーを有しているといえよう。テーマ性単体で評価を行う場合，ストーリーの内容にはポジティブなものもあれば，ネガティブなものも含まれる。たとえば，描画者の将来の理想を描いた健康的なイメージが投影される場合もあれば，破壊衝動や妄想的なファンタジーなどが投影される場合もある。そのため，実際の臨床場面においてテーマ性の評価を行う場合には，個々の作品に応じて一義的な解釈に偏らないように配慮することが求められる。この点について，文脈的整合性という視点は，検査者にとって解釈のための有益な補助になるのではないだろうか。テーマ性のみからの評価ではなく，現実性の観点から合わせて評価することにより，そのテーマが現実検討に基づいた健全なものであるかどうかを吟味することができる。確証的因子分析の結果における，「情緒的安定性」と「文脈的整合性」の間の高い相関関係に裏付けられていることからも，文脈的整合性の高さは精神的健康度の指標として活用することが可能であると考えられる。

次に，STIDの妥当性について考察をしたい。「活動性」，「穏健性」，「現実性」，「テーマ性」の各一次因子については，各項目に対するパスはすべて有意であると同時に，いずれの因子においても一定のα係数が認められたことから，高い内的整合性を有しているといえよう。また，高次因子として設定した「情緒的安定性」と「文脈的整合性」に関しても，一定の信頼性を確認することができた。本研究では6人の臨床心理士が独立に評定をしているが，その評定の一致率を級内相関係数を用いて検証した。その結果，全ての因子において有意な相関が認められた。このことからも，評定者によって極端な評定の揺れが生じることなく，安定した結果が得られていることが確認できた。

 今後の活用に向けて

本研究では，作品の総合的印象という観点から，投影描画法における新たな

解釈のための視点を提供することを目指してきた。STID は，今後の描画法の研究や臨床場面におけるアセスメントに際して有効なツールになると期待できる。Handler & Riethmiller（1998）は，作品の印象や情緒的側面を評価することの重要性を指摘しているが，本研究の結果から，統計的なエビデンスに基づいてこの点をより具体的に焦点化することができたのではないだろうか。今回は S-HTP 法を対象として検討しているが，STID は，たとえば動的家族画などの他の技法においても活用が可能であると考えられる。STID の評定結果を描画者のパーソナリティ特性や病態水準などと比較することにより，より臨床場面で実践的に活用可能な知見を提供できると考えられる。これからも，このような観点からの研究を蓄積していきたい。

7 S-HTPにおける人物表現

7.1 人物表現に着目する意義

　S-HTP法の解釈仮説としては，これまでに様々な分類がされているが，ここでは，作品の全体像を捉えるアプローチと，個々のアイテムの意味に焦点を当てたアプローチに着目してみたい。S-HTPの全体的評価をするための視点として，三上（1995）は，統合性，遠近感，アイテムどうしの関係付けなどを挙げている。また，前章では，S-HTPの全体的印象を評定するためのシステムとして，STID（the Scale for Total Impression of Drawings）を開発した。これは，「情緒的安定性」と「文脈的整合性」の2次元から作品の全体的な印象を評定するものである。「情緒的安定性」は「活動性」と「穏健性」の下位因子から構成され，「文脈的整合性」は「テーマ性」と「現実性」の下位因子から構成される。このように，心理アセスメントとしては，まず作品の全体的な印象を捉えることが重要であると考えられるが，それに続くステップとして，個々のアイテムの特徴について詳細に検討することが求められる。

　S-HTPにおける個々のアイテムに注目した研究として，青山・市川（2006）は，アイデンティティ感覚と描画特徴の関連を検討している。この中で，対自的同一性の低い人では人物の記号化が顕著であったり，心理社会的同一性の上昇に伴って人物と木の関連が見られたりすることなどが示されている。このように，人物に焦点を当てて作品と向き合うことは重要であると考えられる。纐纈・森田（2011）は，青年期を対象に友人とのコミュニケーションスタイルと描画特性の関連を検討している。そして，中でも人物の表現が，描き手の感情・アイデンティティ・他者との関係のもち方などが投影される媒体として機能する可能性を指摘している。実際の心理臨床場面におけるアセスメントでは，

描かれた人物どうしや人物と木や家との関連性を検討することは重要な解釈視点となる。しかし、基礎研究の中では、数量化の難しさから、これまで取り上げられることは少なかった。本研究では、たとえば、人物どうしが一緒に遊んでいる、手をつないでいるなどの表現を「関連性」として捉え、描き手の性別との関係を検討する。その結果から、中学生という発達段階における、男子女子それぞれの対人関係やアイデンティティの築き方の特徴が描画にどのように現れるかを検討したい。一方で、性別のみでなく、年齢や現実の対象関係のもち方など、様々な要因が影響を与えることが予想される。そこで、本研究では、中学生によるS-HTP画における人物どうしの関連性に焦点を当て、学年や現実場面における対人関係が与える影響を検討することを目的とする。特に、現実場面における対人関係の指標として、重要な他者の存在に着目し検討を行う。

性別による人物画特徴の比較

本調査では、中学生によるS-HTP画における人物表現に着目し、その特徴を検討する。表現された人物の人数や人物間の関わりの有無に着目し、描画者の性別との関連を検討する。

7.2.1 方　　法

中学生199名（男性100名、女性99名）を調査対象とした。B5サイズの用紙に、鉛筆を用いて、自由に家・木・人を含む絵を描くように求めた。人物表現に関して、描かれた人物の人数がカウントされた。また、人物が複数描かれた場合は、人物どうしの関連の有無が評定された。たとえば、手をつないでいる、一緒に遊んでいるなどの表現は、関連があるとみなされた。一方、それぞれの人物が離れて別の活動をしている場合や、記念写真のように並列に並べられている場合は、関連がないとみなされた。

7.2.2 結　　果

描かれた人物の人数の平均値は1.80、標準偏差は1.42であった。全体の25.6％に人物間の関連が認められた。男子においては17.0％の作品に関係性が見られたのに対し、女子においては34.3％の作品に関係性が見られた。男子と比べて女子の作品において人物間の関連が有意に多かった（$\chi^2(1) = 7.85$,

Table 7-1. 男女における人物表現の数と関係性の有無

性別	関係あり 人数	%	関係なし 人数	%
男子	17	17.0	83	83.0
女子	34	34.3	65	65.7**
合計	51	25.6	148	74.6

**$p<.01$

$p<.01$)。男女における人物の数と関係性の有無を Table 7-1 に示した。

7.3 発達段階・対人関係と人物画特徴

本調査では，前節と同様のサンプルに基づき，表現された人物の人数や人物間の関わりの有無に着目して検討する。特に，学年や日常の対人関係との関連を検討する。

7.3.1 方　法

前節と同じく，中学生 199 名（男性 100 名，女性 99 名）を調査対象とした。学年の内訳は，1 年生 71 名，2 年生 62 名，3 年生 66 名であった。S-HTP の実施手続きや人物どうしの関連の評定は調査 1 と同様である。現実場面における対人関係の指標として，日常生活において困ったことがあった際に相談できる相手の有無について尋ねた。描画特徴と，学年や相談できる人物の有無との関連が検討された。

7.3.2 結　果

学年間における人物の人数（$F(2,196)=0.02$, $n.s.$, $\eta^2=0.00$）および人物の関連性（$\chi^2(1)=2.08$, $n.s.$, $\varphi=0.10$）には有意な差は認められなかった。相談できる相手の有無と人物の人数（$t(84)=1.94$, $p<.10$, $d=0.28$）および人物の関連性（$\chi^2(1)=3.28$, $p<.10$, $\varphi=0.13$）には有意傾向が認められた。現実場面で相談できる相手がいる生徒の方が，描画における人物の人数が多く，人物間に関連性が見られた。学年・相談相手の有無と人物数を Table 7-2 に示した。また，学年・相談相手の有無と人物どうしの関連を Table 7-3 に示した。

Table 7-2. 学年・相談相手の有無と人物数

	Mean	SD
学年		
1年生	1.77	1.20
2年生	1.82	1.26
3年生	1.82	1.75
相談相手		
有	1.89	1.48
無	1.49	1.08 †
合計	1.80	1.42

† $p < .10$

Table 7-3. 学年・相談相手の有無と人物どうしの関連

	関連有 人数	%	関連無 人数	%
学年				
1年生	16	22.5	55	77.5
2年生	20	32.3	42	67.7
3年生	15	22.7	51	77.3
相談相手				
有	45	28.5	113	71.5
無	6	14.6	35	85.4 †
合計	51	25.6	148	74.4

† $p < .10$

 パーソナリティ特性と人物表現

　これまでの調査では，性別，学年，相談できる対象の有無から，S-HTP における人物表現を検討した。本節では，描き手のパーソナリティ特性に着目し，人物表現との関連を検討する。パーソナリティ特性を測定する指標として Big Five 尺度を用いて検討を行う。

■ 7.4.1 方　　法

　中学生 185 名（男性 96 名，女性 89 名）を調査対象とした。学年の内訳は，1 年生 65 名，2 年生 59 名，3 年生 61 名であった。調査 1 と同様に，B5 サイズの用紙に，鉛筆で自由に家・木・人を含む絵を描くように求めた。描画にお

Table 7-4. パーソナリティ傾向と人物どうしの関連

	関連有		関連無	
	Mean	SD	Mean	SD
協調性	2.53	0.31	2.42	0.42[†]
統制性	2.33	0.32	2.18	0.40*
情緒性	2.17	0.47	2.16	0.57
外向性	1.99	0.45	1.97	0.49
開放性	2.19	0.51	2.19	0.56

[†] $p < .10$　*$p < .05$

ける人物どうしの関連の有無が,調査1と同様の基準によって評定された。また,曽我(1999)による Five Factor Personality Inventory for Children (FFPC) への回答を求めた。FFPC は,全40項目から成り,協調性,統制性,神経症傾向,外向性,開放性の5因子から総合的にパーソナリティを測定するものである。

7.4.2 結　果

FFPC の各下位尺度の信頼性が検討された。その結果,全ての下位尺度において一定の信頼性が認められた(協調性($\alpha = .72$),統制性($\alpha = .68$),情緒性($\alpha = .82$),外向性($\alpha = .74$),開放性($\alpha = .79$))。

S-HTP における人物表現の関連性の有無によって調査対象者が2群に分類された。関連が見られた群は49名,関連が見られない群は136名であった。群間において,FFPC の各下位尺度の得点が比較された。その結果,統制性において有意な差が認められ($t(105) = -2.55$, $p < .05$, $d = 0.39$),協調性において有意傾向が認められた($t(117) = -1.93$, $p < .10$, $d = 0.28$)。いずれも,人物間に関連のある群の方が得点が高い。情緒性($t(101) = -0.14$, n.s., $d = 0.02$),外向性($t(90) = -0.30$, n.s., $d = 0.04$)開放性($t(92) = -0.05$, n.s., $d = 0.00$)においては有意な差は認められなかった。パーソナリティ傾向と人物どうしの関連を Table 7-4 に示した。

7.5　考　察

調査1においては,まず,学年における人物表現の特徴が検討された。本研

究の結果からは，人物の人数，関わりの有無ともに，学年による有意な差異は認められなかった。しかし，効果量に着目すると，人物どうしの関連の有無については，弱いながらも学年による違いを見て取ることができる。本研究では，人物像の質的な特徴には触れずに，その数や関係性に着目した検討を行った。三上（1995）は，S-HTP法の大規模な発達調査の結果，中学生の時期では1人の人物のみを描く割合が高くなることを指摘している。本調査では，描かれた人物の人数の平均値は1.80，標準偏差は1.42であり，実際の作品群においても，1人もしくは2，3人の人物を描く生徒が大半を占めている。中学生の3年間は，身体的にも心理的にも大きな変化を体験する時期である。さらに，児童期を終えて青年期を迎え，アイデンティティの形成という観点からも重要な時期である。そのため，自己イメージの投影である人物画には，調査対象者たちの内面が多分に投影されていると考えられる。学年別に人物どうしの関連を見てみると，2年生でやや関連のある割合が上昇している。このことには，中学生の各学年における対人関係や発達上の特徴が反映されていると推測される。1年生は，小学校から中学校へ進学したばかりの時期であり，これから様々な対人関係を構築していく時期である。また，3年生は，中学校の課程を終え，一人一人がそれぞれの進路を模索していく時期である。これらの時期においては，個人としての特性や指向に関心が向きやすく，このことが，描画においても複数の人物の関係性を描くよりも1人の自己像を丁寧に描くということにつながっているのではないか。対照的に，2年生は，学業やクラブ活動などに最も自由に専念できる時期であり，関心や対人関係の幅も広がると考えられる。このような特性が，描画における人物どうしの関連という形になって表出されているのではないだろうか。

　困った際に相談できる相手の有無と，S-HTPにおける人物の数に関しては，相談相手がいる群の方が描かれた人物が多い傾向が認められた。同時に，相談相手がいる群では，描画における人物どうしの関連も多い傾向が認められた。S-HTPにおいて複数の人物が描かれた場合には，現実自己と理想自己，自己像と重要な他者など，様々な解釈が可能である。そのため，一義的な解釈に拘ることは避けなければならない。そのことをふまえた上で，解釈仮説の1つとして，拠り所となる対象や安定した愛着対象として2人目，3人目の人物が描

かれる可能性もある。今回の調査では，家庭や学校における生活場面を想定し，その中で自分が困った時に実際に相談できる相手がいるかについて回答をしている。そのため，「はい」と回答した生徒の多くは，親や友人，教師など，特定の人物をイメージして回答していると考えられる。S-HTP における人物表現は，意識的な自己像としての解釈が可能であるが，中学生の描画において関連性のある複数の人物が描かれた場合，そこには，現実生活で意識されている重要な他者像が投影されている可能性もあると考えられる。

調査 2 では，描画における人物表現の特徴とパーソナリティ特性の関連を検討した。基本統計量として，人物どうしに関連が見られた群と見られない群は，それぞれ 49 名（26.5%）と 136 名（73.5%）であった。この比率は，調査 1 における結果とほぼ一致するものであり，信頼性の高いものであると考えられる。パーソナリティとの関連では，まず，人物どうしに関連の見られる群では，協調性が高い傾向が認められた。登張（2010）は，協調性を，「非利己的で，他者に対して受容的，共感的，友好的に接し，他者と競い合うのではなく，譲り合って調和を図ったり協力したりする傾向」と定義している。このように，協調性の高い人は，他者との協力や調和を重んじ，現実生活においても良好な対人関係を構築することに努めると考えられる。本調査における描画においても，一緒に遊んでいたり，談笑していたりする場面が最も多く，敵対的な対人関係が描かれているものはほとんど見られなかった。協調性に含まれる対他配慮や親和欲求などの要素が，描画内のポジティブな人物どうしの関わりとして表出されたものと考えられる。

また，同時に，人物どうしに関連が見られた群では，統制性も高いことが認められた。統制性は，真面目さや誠実さに関わる因子であり，具体的な質問項目の中には，リーダーシップや，他者との約束を守るという内容も含まれる。この点では，先述の協調性における非利己的な協力態度と共通する側面もある。一方で，統制性の特性として，課題を計画的に遂行し，失敗や間違いがないかを心配するという側面も含まれる。このような特徴から，描画における他者の存在も，たとえば，一緒に課題を遂行する仲間や，それに伴う心配や不安を受け止めてくれる対象などとして投影されている可能性もある。

今回の調査結果からは，情緒性・外向性・開放性との有意な関連は認められ

なかった。しかし，これらの要素は，個人のパーソナリティや病態水準のアセスメントを行う上で重要な視点である。本研究では，人物どうしの関連性という一側面からの検討を行ったが，たとえば，描画全体の印象評定など，包括的な視点から検討を行うことで新たな関連が認められる可能性もあるため，今後の課題としたい。

　本研究では，学年やパーソナリティ特性の観点から，S-HTP 法における人物表現の関連性について検討してきた。示された結果は，実際の心理臨床場面において思春期・青年期のクライエントの描画表現と向き合う際に有用な視点を提供するものであると考えられる。一方で，一口に人物の関連性といっても，実際の描画表現では，親和的なものや葛藤を含むものなど，様々な関係の形があり，今後はその質的側面も考慮に入れた検討が必要であろう。

8 実際の描画表現に基づいた総合考察

最終章である本章では、これまでの成果を振り返り、総合的な考察を深めていきたい。特に、形式分析、内容分析、印象評定の3つの観点から、投影描画法のアセスメントについて再考する。さらに、実際の作品例と照らし合わせながら、本書によって示された知見を実際の臨床場面において活用する手がかりを示していきたい。

8.1 形式分析

投影描画法のアセスメントにおいて、作品の形式的特徴を概観することはどの技法においても共通する重要なアプローチである。具体的には、描かれたオブジェクトの大きさや余白の大きさなどを含む空間の使い方、描線の質、陰影の付け方などが含まれる。ここでは空間象徴的な解釈も大切なアプローチである。古くは、Koppitz（1968）やSwenson（1957）などにおいて、人物画の大きさが自尊感情などと関連することが指摘されている。近年の研究においてもこの傾向は支持されており、たとえば、萱村（2011）は小学生を対象とした研究の結果、人物画の大きさと社会的コンピテンスの間の関連を示している。

本研究においても、数ある形式的特徴の中でも、特に描かれたアイテムの表現領域（大きさ）に焦点を当てた検討を行ってきた。パーソナリティ特性との関連においては、特に開放性や協調性の高い人の作品では、より大きな人物が描かれる傾向が認められた。また、社会的コンピテンスとの関連においても、よりコンピテンスの高い人の作品の方で大きな人物像が認められた。対照的に、情緒性が高い人、つまり神経質で心理的な困難さを抱えるリスクの高い人の作品では、人物像は小さい傾向が認められた。

作品1は女子生徒の作品であるが、前面に2人の男女が描かれている。構図

62　第 8 章　実際の描画表現に基づいた総合考察

作品 1

　全体の中でこの人物たちの占める割合が高く，他のアイテムと比較して，存在感を放っている。パーソナリティ特性の中でも，開放性は外的世界に対して開かれた傾向を表し，協調性は他者との関わりへの積極性や関係を良好に保つスキルに関するものである。同様に，社会的コンピテンスの高さもまた，社会性やソーシャルスキルの高さに関わっている。このような社会的な指向性や自分自身に対する自信が，安定した人物像の大きさとして表出されているのではないだろうか。
　それに対し，男子生徒による作品 2 では，人物はごく小さなスティックフィギュアとして登場するのみである。簡便な線のみで描かれるスティックフィギュアは，思春期の男子における作品やマンガ的なタッチの作品にはしばしば認められるものであり，描画活動自体に対する抵抗などと関連することもあると考えられる。解釈をする上ではそのような点も考慮に入れる必要はあろうが，

作品 2

人物の大きさや存在感は，やはり本研究の結果から示されたように，描画者が自分自身や社会との関わり方をいかに捉えているかということを投影しているのではないだろうか．

8.2 内容分析

　ここまで形式分析について述べてきたが，ここからは内容分析にフォーカスしていきたい．内容分析とは，描かれた個々のアイテムの細かな内容や質的側面を丁寧に見ていくプロセスである．バウムテストに関しては，Koch（1949）などの中で，樹木画における各部位（樹冠，幹，枝，根など）の質的特徴の解釈視点について詳しく述べられている．また，人物表現についても先行研究の知見が蓄積されている．たとえば，青山・市川（2006）は未熟な人物表現と不安定なアイデンティティの関係を示し，纐纈・森田（2011）は，描かれた人物の人数と他者への信頼感の間に関連があることを示している．Betts（2012）が言及しているように，内容分析においては，sign based approach という考え方が1つの軸になる．これは，個々のアイテムに表れる特定のサインに着目し，その意味を解釈していくものである．本研究では，数ある指標の中でも人物の数とその関係性に着目した研究を行ってきた．その中で，描画者の性別に焦点を当てたところ，男子よりも女子の作品において，人物どうしの関連が多く見られる傾向があった．また，人物どうしの関連がある作品の描画者は，パ

第 8 章 実際の描画表現に基づいた総合考察

作品 3

ーソナリティ特性として協調性や統制性が高い傾向も認められた。

　作品 3 は，女子生徒による作品である。桜の木の下で家族が花見をしている様子が描かれている。このように，女子生徒による作品の中には，登場人物どうしが一緒に何かをしている様子が描かれたものが多く見られた。たとえば，作品 1 にも見られたように手をつないでいる様子や，その他にも遊んでいる，話をしている場面など，その内容は多様である。一般的には，思春期の女子に特徴的な，対人関係や社会性への敏感な感性が反映されたものであると考えられるが，実際の臨床場面においては，登場人物どうしが具体的にどのような関わりをもっているかという関係性の質を吟味することが大切であろう。また，パーソナリティに着目すると，協調性に関しては作品 1 における考察と同様に，他者に関する親和欲求やソーシャルスキルが登場人物の多さや関係性に影響を与えているといえるだろう。また，統制性は，集団におけるリーダーシップなどにも関わる要素である。本作品においては，描かれている家族それぞれが，

作品 4

家族内で役割を有していることが窺える。家族や友達集団における自身の役割感の分化は，この年代の心理的発達を考える上で重要な課題の1つであると考えられる。そのような発達課題もまた，女子における人物どうしの関係の多様性に影響を与えているのではないか。

　対照的に，作品4は男子生徒によるものである。家と庭が描かれ，敷地が柵や塀で囲われている。人物は1人のみで，池のそばでベンチに腰掛けてくつろいでいる様子が描写されている。ガレージの中には自動車が納められ，描画者自身のユーモアや趣味的な世界が投影されているようにも感じる作品である。このように男子生徒の作品においては，他者との関係性というよりは自分の世界を重視した作品がしばしば見られる。本作品は登場人物が1人のみであるが，男子生徒による作品においては，複数の人物が描かれる場合においても，それぞれが別のことをして過ごす様子が描写されることも多い。この点は，本研究における数量的検討の結果において男子の作品では人物どうしの関わりが少ない傾向にも反映されている。思春期の男子においては，女子に比べて，自己の内的世界に没頭しやすく，これはその後のアイデンティティの確立や将来像を模索していく上で，発達的に重要なプロセスであると考えることもできるだろう。

8.3　印象評定

　印象評定は，形式分析や内容分析によって得られた情報を統合して，作品全体から受ける印象を評価するアプローチということができるだろう。そのため，解釈にあたってはテスターの力量が最も求められるものである。統計的なエビデンスなどに基づき，印象評定のためのツールを開発する試みは過去にも行われてきた。Fury et al.（1997）は，家族画の総合的な評価尺度として Global Rating Scale を開発している。ここでは，「活動性」，「脆弱性」，「孤立性」などの観点から描画を評価していく。「活動性」は，表現の細部や創造性の中に投影される情緒的な側面を表し，「脆弱性」は，アイテムの配置，サイズ感の歪み，体のパーツの過大または過小な表現などに投影される不安定さを表すものである。また，「孤立性」は，たとえば，母親像と子ども像の間の距離の隔たりなどに投影される怒りなどのネガティブな感情を表す。Goldner & Scharf（2011）は，これらの指標が描き手のパーソナリティや愛着スタイルと有意な関連をもつことを示している。本研究において作成された STID も，いくつかの点で Global Rating Scale と共通する視点を有している。「活動性」は Global Rating Scale においても STID においても最初に挙げられている因子であることから，対象となる技法の種類に関わらず，描画の印象を評価する上で重要な要素であると考えられる。Global Rating Scale の「脆弱性」に関しては，空間の使い方などの形式的特徴を基盤とした視点であると考えられるが，前章で述べてきたように，STID では「現実性」が形式的特徴との関わりが深い。すでに基礎研究や臨床場面において有用性が確認されている Global Rating Scale と共通要素をもつことは，STID の信頼性を検討する上で評価できる点となると考えられる。

　一方，情緒的側面の中でも，作品がもつ柔軟さや温かみに着目した「穏健性」や，アイテムどうしの関連性や作品の物語性に着目した「テーマ性」という視点は STID のオリジナリティである。このように，「やわらかさ」や「しなやかさ」や，作品の中のストーリーを大切にするという視点は，日本の心理臨床において特に重視されていることの１つなのかもしれない。近年の基礎研

究においては，数値化しやすいエビデンスがとりわけ重視される傾向があるが，そのような流れの中で，このやわらかさや物語性を統計ベースの研究にのせることは難しい。そうした背景がある中で，臨床場面で大切にされてきた視点をSTID の因子の中に盛り込むことができた点には意義があると感じている。

　また，STID のもう１つの独自性として，高次因子として「情緒的安定性」と「文脈的整合性」という大きな２つの視点から作品を評価できることがある。これらの軸は，作品がもつ全体的な精神的健康度をアセスメントする上で欠かせないものである。心理アセスメントにおける解釈において，大局的に全体像を見極め，そこから細部を検討するという流れはいずれの技法においても有効な方法である。たとえば，知能検査におけるフィードバックにおいても，まずはじめに全体的な知能の水準をつかみ，その後，言語性，動作性などの細かな知能の特性を検討する。さらにそれをもとに群指数や各下位検査の得点などを吟味していく。このように，特にクライエントや専門機関に検査結果をフィードバックする際には，まず全体的な傾向をきちんと把握した上で，それに沿って細部を解釈していくことが求められる。描画アセスメントにおいては，個々の細かなサインを解釈することも大切であるが，テスターがそこに拘泥しすぎると，羅列的になってしまい，時に矛盾を抱えて全体像がはっきりしなくなってしまうこともある。STID を用いることにより，「情緒的安定性」と「文脈的整合性」という大まかな全体像と，「活動性」，「穏健性」，「現実性」，「テーマ性」という細かな視点を照らし合わせながら，構造的なアセスメントをすることが可能になるのではないだろうか。

　STID の評定項目に沿って，実際の作品を眺めてみたい。まず，作品５は男子生徒によるものであるが，描画のみによるアセスメントがたいへん難しい作品であると思われる。しかし，STID を手がかりにすることで，作品と向き合う際の視点のヒントが得られる。はじめてこの作品を見た際にどのような感想を抱くだろうか。「活動性」や「穏健性」という観点から向き合うと，描画全体からあまり躍動性は感じられず，特に人物表現からは幼い印象を感じる人も多いだろう。また，見る人によっては，尖った屋根などの表現からアグレッシブな印象を受けるかもしれない。このような印象から，多くの人は「情緒的安定性」はそれほど高く評定しないことが予測される。描線のクオリティから丁

68　第8章　実際の描画表現に基づいた総合考察

作品 5

寧さや堅実さを感じにくいことから「現実性」は低く，また羅列的な表現かつアイテムどうしの関連は見られないことから「テーマ性」も低く評価されるのではないだろうか。

　次に，女子による作品6を見てみたい。ここでは，木の下で談笑する人たちの様子が描かれ，その表情などから「活動性」や「穏健性」を感じ取ることができる。また，奥行き感や作品から読み取れるストーリーなどからも，「現実性」や「テーマ性」も高いと考えられる。このような特徴を総合すると，「情

作品 6

緒的安定性」と「内容的整合性」の双方を兼ね備えた一定の健康度を有する作品であると評価できる。投影描画法を用いたアセスメントにおいて，熟練した検査者は総合的に情報を読み取り，作品に投影された精神的健康度を評価している。初心のカウンセラーにとって，このようなスキルを短期的に身につけることは難しいが，STID によって示された因子を評価の手がかりにすることで効果的なアセスメントが可能になると考えられる。

　本章に掲載された作品は，実際の中学生による描画を参考に，プライバシーに配慮し，筆者らによって再現されたものである。

おわりに

　たくさんの方の支えがあって，本書を出版することができました。

　ナカニシヤ出版の山本あかねさんには，編集者として温かいご支援をいただきました。自分自身にとっては，山本さんとご一緒に作る3冊目の本になりました。長い道のりでしたが，こうして形に残せたことを有り難く思っております。本書をたくさんの方に手に取っていただけることを願っています。金城学院大学多元心理学科，心理臨床相談室，KIDS センターの教職員・スタッフの皆様には，いつも変わらぬサポートをしていただき，感謝しております。これからの教育・研究活動に本書の成果を活かしていけたらと思います。

　最後に，いつも励ましてくれる家族に感謝します。息子たちがこれから育っていく社会の中で，今取り組んでいる研究が少しでも役に立てたら嬉しいです。

加藤　大樹

　スクールカウンセラーとして学校現場に赴く中で，子どもたちと出会い，そこから多くの学びがありました。その中で「（相談室に足を踏み入れる勇気がなく遅くなったが）もっと早く相談室に来たかった」との言葉を残して卒業していった子どもたちの思いが，今回の研究の原動力となりました。絵を通して子どもたちのサインに気づき，子どもたちの心に寄り添える支援の一助に少しでもなれましたらうれしく思います。本調査にご理解とご協力を賜りました学校関係者の皆様には深く感謝いたします。また，研究に協力くださった金城学院大学学校メンタルヘルス研究会の皆さんに心よりお礼申し上げます。また常日頃から温かく支えてくださっている先生方，関係者の皆様にも心より感謝いたします。

　そして，いつも愛をもって見守ってくれている家族に感謝しています。

鈴木　美樹江

初 出 一 覧

本書の執筆にあたっては，以下の論文をもとに大幅な加筆修正を行った。

第 1 章

鈴木美樹江・加藤大樹（2016）．リスク要因に着目した学校不適応に関する研究の動向．金城学院大学論集　人文科学編，*12*(2)，121-129.

第 2 章

加藤大樹・鈴木美樹江（2015）．教育現場における描画テストの活用に関する研究の動向．金城学院大学論集　人文科学編，*11*(2)，32-39.

第 3 章

鈴木美樹江（2015）．中学生の不登校傾向と社会的コンピテンスとの関連：悩み状況と相談者の有無の視点も踏まえて．小児保健研究，*74*(2)，267-272.

第 4 章

Suzuki, M., & Kato, D. (2016). Expressed area of synthetic HTP test and school maladjustment in Japanese early adolescents. *Asia Pacific Journal of Counselling and Psychotherapy, 7,* 3-14.

第 5 章

Kato, D., & Suzuki, M. (2016). Personality traits and the expression area of Synthetic House-Tree-Person drawings in early adolescent Japanese. *Psychological Thought, 9*(1), 67-74.

第 6 章

Kato, D., & Suzuki, M. (2016). Developing a Scale to Measure Total Impression of Synthetic House-tree-person Drawings. *Social Behavior and Personality, 44*(1), 19-28.

第 7 章

Kato, D., & Suzuki, M. (2015). Relationships between human figures drawn by Japanese early adolescents: Applying the Synthetic House-Tree-Person Test. *Social Behavior and Personality, 43*(1), 175-176.

加藤大樹・鈴木美樹江 (2016). 中学生の統合型 HTP 法における人物表現の関連性. 金城学院大学論集　人文科学編, *12*(2), 14-19.

第 8 章

本書のための書き下ろし

　本書は, 金城学院大学特別研究助成費の補助を受けて刊行した。

引 用 文 献

Acra, C. F., Bono, K. E., Mundy, P. C., & Scott, K. G. (2009). Social competence in children at risk due to prenatal cocaine exposure: Continuity over time and associations with cognitive and language abilities. *Social Development, 18*(4), 1002-1014.

Ainsworth, M. D. S., Blehar, M. C., Waters, E., & Wall, S. (1978). *Patterns of attachment: A psychological study of the strange situation*. Oxford, England: Lawrence Erlbaum.

Andrews, J., & Janzen, H. L. (1988). A global approach for the interpretation of the Kinetic School Drawing (KSD): A quick scoring sheet, reference guide, and rating scale. *Psychology in the Schools, 25*(3), 217-238.

青木健次 (1980). 投影描画法の基礎的研究-1 ―再検査信頼性―. 心理学研究, *51*(1), 9-17.

青山桂子・市川珠理 (2006). 青年期におけるアイデンティティの感覚と統合型 HTP の描画特徴. 心理臨床学研究, *24*(2), 232-237.

Armstrong, D. (1995). The use of kinetic school drawings to explore the educational preferences of gifted students. *Journal for the Education of the Gifted, 18*(4), 410-439.

朝重香織・小椋たみ子 (2001). 不登校生の心理について―普通学校中学生との比較から ―. 神戸大学発達科学部研究紀要, *8*, 1-12.

Asher, S. R., & Rose, A. J. (1997). Promoting children's social-emotional adjustment with peers. In P. Salovey, D. J. Sluyter, P. Salovey, & D. J. Sluyter (Eds.), *Emotional development and emotional intelligence: Educational implications* (pp. 196-230). New York: Basic Books.

Ashton, M. C., Lee, K., Perugini, M., Szarota, P., de Vries, R. E., Di Blas, L., ... De Raad, B. (2004). A six-factor structure of personality-descriptive adjectives: Solutions from psycholexical studies in seven languages. *Journal of Personality and Social Psychology, 86*, 356-366.

Baker, J. A. (1998). The social context of school satisfaction among urban, low-income, African-American students. *School Psychology Quarterly, 13*(1), 25-44.

Beck, J. S. (1995). *Cognitive therapy: Basics and beyond*. New York: Guilford Press.

Betts, D. J. (2012). Positive art therapy assessment: Looking towards positive psychology for new directions in the art therapy evaluation process. In A. Gilroy, R. Tipple, & C. Brown (Eds.), *Assessment in art therapy* (pp. 203-218). New York: Routledge.

Bierman, K. L., & Welsh, J. A. (2000). Assessing social dysfunction: The contributions of laboratory and performance-based measures. *Journal of Clinical Child Psychology*, *29*, 526-539.

Blos, P. (1967). The second individuation process of adolescence. *The Psychoanalytic Study of the Child*, *22*, 162-186.

Brown, D. J., Cober, R. T., Kane, K., Levy, P. E., & Shalhoop, J. (2006). Proactive personality and the successful job search: A field investigation with college graduates. *The Journal of Applied Psychology*, *91*(3), 717-726.

Buck, J. N. (1948). The H-T-P technique: A qualitative and quantitative scoring manual. *Journal of Clinical Psychology*, *4*(4), 317-396.

Buehler, C., Anthony, C., Krishnakumar, A., & Stone, G. (1997). Interparental conflict and youth problem behaviors: A meta-analysis. *Journal of Child and Family Studies*, *6*(2), 223-247.

Buhrmester, D. (1990). Intimacy of friendship, interpersonal competence, and adjustment during preadolescence and adolescence. *Child Development*, *61*(4), 1101-1111.

Burkitt, E., Barrett, M., & Davis, A. (2003). The effect of affective characteristics on the size of children's drawings. *British Journal of Developmental Psychology*, *21*(4), 565-583.

Burns, R. C. (1987). *Kinetic-house-tree-person Drawings (K-H-T-P): An interpretative manual*. New York: Brunner/Mazel.

Burt, K. B., Obradović, J., Long, J. D., & Masten, A. S. (2008). The interplay of social competence and psychopathology over 20 years: Testing transactional and cascade models. *Child Development*, *79*(2), 359-374.

Cauce, A. M., Mason, C., Gonzales, N., & Hiraga, Y. (1996). Social support during adolescence: Methodological and theoretical considerations. In K. Hurrelmann, S. F. Hamilton, K. Hurrelmann, & S. F. Hamilton (Eds.), *Social problems and social contexts in adolescence: Perspectives across boundaries* (pp. 131-151). Hawthorne, NY, US: Aldine de Gruyter.

Coie, J. D., Watt, N. F., West, S. G., Hawkins, J. D., Asarnow, J. R., Markman, H. J., & Long, B. (1993). The science of prevention: A conceptual framework and some directions for a national research program. *American Psychologist*, *48*(10), 1013-1022.

Damon, W., & Hart, D. (1982). The development of self-understanding from infancy through adolescence. *Child Development*, *53*(4), 841-864.

Devore, J. E., Fryrear, J. L., & Jerry, L. (1976). Analysis of juvenile delinquents' hole drawing responses on the tree figure of House-Tree-Person technique. *Journal of Clinical Psychology*, *32*(3), 731-736.

Dodge, K. A., Bates, J. E., & Pettit, G. S. (1990). Mechanisms in the cycle of violence. *Science*, *250*(4988), 1678-1683.

土井隆義 (2014). つながりを煽られる子どもたち：ネット依存といじめ問題を考える (No. 903). 岩波書店.

引用文献　77

Duck, S. (1989). Socially competent communication and relationship development. In B. H. Schneider, G. Attili, J. Nadel, & R. P. Weissberg (Eds.), *Social competence in developmental perspective* (pp. 91-106). Dordrecht, Netherlands: Kluwer.

Dunn, R. A., & Guadagno, R. E. (2012). My avatar and me — Gender and personality predictors of avatar-self discrepancy. *Computers in Human Behavior, 28*(1), 97-106.

Durlak, J. A. (1995). *School-based prevention programs for children and adolescents* (Vol. 34). Thousand Oaks, CA, US: Sage Publications.

Eggum, N., Julie, S., & Eisenberg, N. (2011). "The it will be good": Negative life events and resilience in Ugandan youth. *Journal of Adolescent Research, 26*(6), 766-796.

Eisenberg, N., & Fabes, R. A. (1992). Emotion, regulation, and the development of social competence. *Review of Personality and Social Psychology, 14*, 119-150.

Farlyo, B., & Paludi, M. (1985). Research with the Draw-A-Person test: Conceptual and methodological issues. *The Journal of Abnormal Psychology, 119*, 575-580.

Fellows, R., & Cerbus, G. (1969). HTP and DCT indicators of sexual identification in children. *Journal of Projective Techniques & Personality Assessment, 33*(4), 376-379.

Fraser, M. W. (2004). *Risk and resilience in childhood: An ecological perspective* (2nd ed.). Washington, DC: NASW Press.

藤原徹・蔵琢也・宮田周平・神農雅彦 (2010)．樹木画試験の画像特徴量と抑うつ度の関係　電子情報通信学会技術研究報告，*109*(460)，29-32.

Fukunishi, I., Mikami, N., & Kikuchi, M. (1997). Alexithymic characteristics in responses to the Synthetic House-Tree-Person (HTP) Drawing Test. *Perceptual and Motor Skills, 85*(3, Pt 1), 939-942.

古市裕一 (1991)．小・中学生の学校ぎらい感情とその規定要因．カウンセリング研究，*24*(2)，123-127.

古池若葉 (2008)．幼児期の樹木画における感情表現の発達―5歳から6歳にかけての縦断データの検討―　跡見学園女子大学文学部紀要，*41*，105-128.

Fury, G., Carlson, E. A., & Sroufe, L. A. (1997). Children's representations of attachment relationships in family drawings. *Child Development, 68*, 1154-1164.

Goldberg, L. R. (1981). Language and individual differences: The search for universals in personality lexicons. In L. Wheeler (Ed.), *Review of personality and social psychology* (Vol. 1, pp. 141-165). Beverly Hills, CA, USA: Sage.

Goldner, L., & Scharf, M. (2011). Children's family drawings: A study of attachment, personality, and adjustment. *Art Therapy: Journal of the American Art Therapy Association, 28*, 11-18.

Goodman, S. H. (1987). Emory University Project on Children of Disturbed Parents. *Schizophrenia Bulletin, 13*(3), 411-423.

Gordon, N., Lefkowitz, M. M., & Tesiny, E. P. (1980). Childhood depression and the Draw-A-Person. *Psychological Reports, 47*, 251-257.

Gresham, F. M. (1986). Conceptual issues in the assessment of social competence in children. In P. S. Strain, M. J. Guralnick, & H. M. Walker (Eds.), *Children's social behavior: Development, assessment, and modification* (pp. 143-179). New York: Academic Press.

Groth-Marnat, G., & Roberts, L. (1998). Human figure drawings and house tree person drawings as indicators of self-esteem: A quantitative approach. *Journal of Clinical Psychology, 54*, 219-222.

Hagen, K. A., Myers, B. J., & Mackintosh, V. H. (2005). Hope, social support, and behavioral problem in at-risk children. *American Journal of Orthopsychiatry, 75*(2), 211-219.

Hammer, E. (1958). *The clinical application of projective drawings*. Springfield, IL: Charles C. Thomas.

Hammer, E. F. (1997). *Advances in projective drawing interpretation*. Springfield, IL: Charles. C. Thomas.

Handler, L., & Riethmiller, R. (1998). Teaching and learning the administration and interpretation of graphic techniques. In L. Handler & M. J. Hilsenroth (Eds.), *Teaching and learning personality assessment* (pp. 267-294). Mahwah, NJ: Erlbaum.

原田克巳・竹本伸一 (2009). 学校適応の定義―児童・生徒が学校に適応するということ. 金沢大学人間社会学域学校教育学類紀要(1), 1-9.

原田宗忠 (2010). 青年期における自尊感情の揺れと自己像との関係―バウムテストを用いた調査研究から―. 心理臨床学研究, *28*(3), 268-278.

Harnish, J. D., Dodge, K. A., & Valente, E. (1995). Mother-child interaction quality as a partial mediator of the roles of maternal depressive symptomatology and socioeconomic status in the development of child behavior problems. *Child Development, 66* (3), 739-753.

Harris, D. B. (1963). *Children's drawings as measures of intellectual maturity*. New York: Harcourt Brace Jovanovich.

Harter, S. (1982). The Perceived Competence Scale for Children. *Child Development, 53*, 87-97.

平川義親 (1993). シンナー吸引少年の特徴について―統合型 HTP テストに示される棒人間 (stickfigure) を通して見た一考察. 臨床描画研究, *VIII*, 213-223.

Hoglund, W. L., & Leadbeater, B. J. (2004). The effects of family, school, and classroom ecologies on changes in children's social competence and emotional and behavioral problems in first grade. *Developmental Psychology, 40*(4), 533-544.

本間友巳 (2000). 中学生の登校を巡る意識の変化と欠席や欠席願望を抑制する要因の分析. 教育心理学研究, *48*(1), 32-41.

Houston, A. N., & Terwilliger, R. (1995). Sex, sex roles, and sexual attitudes: Figure gender in the Draw-A-Person test revisited. *Journal of Personality Assessment, 65*, 343-357.

Hunsley, J., Crabb, R., & Mash, E. J. (2004). Evidence-based clinical assessment. *The Clinical Psychologist, 57*(3), 25-32.

Hymel, S., Rubin, K. H., Rowden, L., & LeMare, L. (1990). Children's peer relationships: Longitudinal peer relationships: Longitudinal prediction of internalizing and externalizing problems from middle to late childhood. *Child Development, 61*, 2004-2021.

一谷彊・津田浩一・林勝造（1975）．S-D 法によるバウムテストの因子的検討：診断のための探索的試み．京都教育大學紀要，A，人文・社会 *47*，1-16.

五十嵐哲也（2011）．中学進学に伴う不登校傾向の変化と学校生活スキルとの関連．教育心理学研究，*59*，64-76.

五十嵐哲也・萩原久子（2004）．中学生の不登校傾向と幼少期の父親および母親への愛着との関連．教育心理学研究，*52*(3)，264-276.

生島浩（1999）．悩みを抱えられない少年たち．日本評論社．

今村友木子（2001）．分裂病者のコラージュ表現：統一材料を用いた量的比較．名古屋大学大学院教育発達科学研究科紀要，心理発達科学，*48*，185-195.

Inadomi, H., Tanaka, G., & Ohta, Y. (2003). Characteristics of trees drawn by patients with paranoid schizophrenia. *Psychiatry and Clinical Neurosciences, 57*(4), 347-351.

Irshad, E., & Atta, M. (2013). Social competence as predictor of bullying among children and adolescents. *Journal of the Indian Academy of Applied Psychology, 39*(1), 35-42.

石本雄真・久川真帆・齊藤誠一・上長然・則定百合子・日潟淳子・森口竜平（2009）．青年期女子の友人関係スタイルと心理的適応および学校適応との関連．発達心理学研究，*20*(2)，125-133.

石谷真一（1998）．バウムテストにおける検査者の視覚的印象の活用について―学生相談室来室学生の心的特徴の把握に向けて―．学生相談研究，*19*(1)，1-12.

磯部美良・堀江健太・前田健一（2004）．非行少年と一般少年における社会的スキルと親和動機の関係．カウンセリング研究，*37*(1)，15-22.

岩満優美・竹村和久・松村治・王雨晗・延藤麻子・小平明子・轟純一・轟慶子（2013）．精神障害患者の描画とその画像解析：テクスチャー解析，フーリエ解析，特異値分解を用いて．知能と情報，*25*(2)，651-658.

Kahill, S. (1984). Human figure drawings in adults: An update of the empirical evidence, 1967-1982. *Canadian Psychology, 25*, 269-290.

粕谷貴志・河村茂雄（2002）．学校生活満足度尺度を用いた学校不適応のアセスメントと介入の視点―学校生活満足度と欠席行動との関連および学校不適応の臨床像の検討．カウンセリング研究，*35*(2)，116-123.

Kato, D., & Morita, M. (2009). Form, content, and gender differences in Lego® block creations by Japanese adolescents. *Art Therapy: Journal of the American Art Therapy Association, 26*(4), 181-186.

Kato, D., & Suzuki, M. (2015). Relationships among human figures drawn by Japanese early adolescents: Applying the Synthetic House-Tree-Person Test. *Social Behavior and Personality, 43*(1), 175-176.

萱村俊哉（2011）．小学校 3，4 年生における人物画の大きさとコンピテンスとの関係．武庫川女子大学紀要 人文・社会科学編，*59*，81-86.

Kim, J., & Cicchetti, D. A. (2004). Longitudinal study of child maltreatment, mother — child relationship quality and maladjustment: The role of self-esteem and social competence. *Journal of Abnormal Child Psychology, 32*, 341-354.

木村香代子（2010）．幼児の樹木画テストにおける発達的な検討．創価大学大学院紀要, *32*, 309-332.

北村晴朗（1965）．適応の心理．誠信書房.

Kline, P. P., & Svaste-Xuto, B. B. (1981). The House, Tree, Person test (HTP) in Thailand with 4 and 5 year old children: A comparison of Thai and British results. *British Journal of Projective Psychology & Personality Study, 26*(1), 1-11.

Klopfer, W. G., & Taulbee, E. S. (1976). Projective tests. *Annual Review of Psychology, 27*, 543-567.

Koch, C. (1952). *The tree test*. New York: Grune & Stratton.

Koch, K. (1949). *Der Baumtest. Der Baumzeichenversuch als psychodiagnostisches Hilfsmittel*. Bern: Huber.

Koppitz, E. M. (1968). *Psychological evaluation of children's human figure drawings*. New York: Grune & Stratton.

纐纈千晶・森田美弥子（2011）．現代青年の友人への交流態度からみた S-HTP の描画特徴．心理臨床学研究, *29*(5), 634-639.

Kuhlman, T. L., & Bieliauskas, V. J. (1976). A comparison of Black and White adolescents on the HTP. *Journal of Clinical Psychology, 32*(3), 728-731.

蔵琢也・藤原徹・宮田周平・阿部麟太郎・神農雅彦（2009）．各次モーメントとフーリエ変換を用いた樹木画試験の画像解析．電子情報通信学会技術研究報告, *109*(127), 19-24.

桑代智子・郷間英世・森下一（2002）．不登校を経験した成人の対人関係について―バウムテストによる検討―．教育心理学研究, *50*(3), 345-354.

Ladd, G. W. (1996). Shifting ecologies during the 5 to 7 year period: Predicting children's adjustment during the transition to grade school. In A. J. Sameroff, M. M. Haith, A. J. Sameroff, & M. M. Haith (Eds.), *The five to seven year shift: The age of reason and responsibility* (pp. 363-386). Chicago, IL: University of Chicago Press.

Lahey, B. B., Loeber, R., Hart, E. L., Frick, P. J., Applegate, B., Zhang, Q., & Russo, M. F. (1995). Four-year longitudinal study of conduct disorder in boys: Patterns and predictors of persistence. *Journal of Abnormal Psychology, 104*(1), 83-93.

Lee, C. M., & Gotlib, I. H. (1989). Maternal depression and child adjustment: A longitudinal analysis. *Journal of Abnormal Psychology, 98*(1), 78-85.

Lewinsohn, P. M. (1964). Relationship between height of figure drawings and depression in psychiatric patients. *Journal of Consulting Psychology, 28*, 380-381.

Lifrak, P. D., McKay, J. R., Rostain, A., Alterman, A. I., & O'Brien, C. P. (1997). Relationship of perceived competencies, perceived social support, and gender to substance use in young adolescents. *Journal of the American Academy of Child*

Adolescent Psychiatry, 36, 933-940.

Longoria, A. Q., Page, M. C., Hubbs-trait, L., & Kennison, S. M. (2009). Relationship between kindergarten children's language ability and social competence. *Early Child Development and Care, 179*(7), 919-929.

Luthar, S. S., & Zigler, E. (1992). Intelligence and social competence among high-risk adolescents. *Development and Psychopathology, 4*(2), 287-299.

Machover, K. (1949). *Personality projection in the drawing of the human figure.* Springfield, IL: Thomas.

Marsh, D. T., Linberg, L. M., & Smeltzer, J. K. (1991). Human figure drawings of adjudicated and nonadjudicated adolescents. *Journal of Personality Assessment, 57,* 77-86.

Marzolf, S. S., & Kirchner, J. H. (1972). House-Tree-Person drawings and personality traits. *Journal of Personality Assessment, 36*(2), 148-165.

Marzolf, S. S., & Kirchner, J. H. (1973). Personality traits and color choices for House-Tree-Person drawings. *Journal of Clinical Psychology, 29*(2), 240-245.

Masten, A. S. (1994). Resilience in individual development: Successful adaptation despite risk and adversity. In M. C. Wang, E. W. Gordon, M. C. Wang, & E. W. Gordon (Eds.), *Educational resilience in inner-city America: Challenges and prospects* (pp. 3-25). Hillsdale, NJ: Lawrence Erlbaum Associates.

Masten, A. S., Best, K. M., & Garmezy, N. (1990). Resilience and development: Contributions from the study of children who overcome adversity. *Development and Psychopathology, 2*(4), 425-444.

増岡怜那・高橋靖恵 (2006). 樹木画に見る子どもの怒り感情. 九州大学心理学研究, *7,* 139-146.

Matto, H. C. (2002). Investigating the validity of the Draw-A-Person: Screening procedure for emotional disturbance: A measurement validation study with high-risk youth. *Psychological Assessment, 14*(2), 221-225.

McCrae, R. R., & Costa, P. T., Jr. (1987). Validation of the five-factor model of personality across instruments and observers. *Journal of Personality and Social Psychology, 52*(1), 81-90.

McNair, D. M., Lorr, M., & Droppleman, L. F. (1971). *Manual for the profile of mood states.* San Diego, CA: Educational and Industrial Testing Services.

Merrill, L. L. (1994). Draw-A-Person test as a measure of anxiety in the work place. *Perceptual and Motor Skills, 79,* 11-15.

Messier, L. P., & Ward, T. J. (1998). The coincidence of depression and high ability in delinquent youth. *Journal of Child and Family Studies, 7,* 97-105.

三上直子 (1979a). 統合型 HTP 法における分裂病者の描画分析——一般成人との統計的比較. 臨床精神医学, *8,* 79-90.

三上直子 (1979b). 統合型 HTP 法における分裂病者の描画分析—病態に応じた継時的変化. 臨床精神医学, *8,* 1479-1487.

三上直子（1995）．S-HTP 法―統合型 HTP 法における臨床的・発達的アプローチ．誠信書房．

三沢直子（2006）．HTP 法　氏原寛・岡堂哲雄・亀口憲治・西村州衛男・馬場禮子・松島恭子（編）心理査定実践ハンドブック．創元社．

三島浩路（2008）．小学校高学年で親しい友人から受けた「いじめ」の長期的な影響―高校生を対象にした調査結果から―．実験社会心理学研究，*47*(2)，91-104.

Mizuta, I., Inoue, Y., Fukunaga, T., Ishi, R., Ogawa, A., & Takeda, M. (2002). Psychological characteristics of eating disorders as evidenced by the combined administration of questionnaires and two projective methods: The tree drawing test (Baum test) and the sentence completion test. *Psychiatry & Clinical Neurosciences, 56,* 41-53.

文部科学省（2013）．平成 24 年度「児童生徒の問題行動等生徒指導上の諸問題に関する調査」結果について．平成 25 年 12 月 10 日．

森岡由紀子（1996）．児童・生徒の心のサインをキャッチする―子供はなぜ自ら訴えないのか―．教育と医学，*44*，321-326.

Motta, R. W., Little, S. G., & Tobin, M. I. (1993). A picture is worth less than a thousand words: Response to reviewers. *School Psychology Quarterly, 8*(3), 197-199.

内藤勇次・浅川潔司・高瀬克義・古川雅文・小泉令三（1986）．高校生用学校環境適応感尺度作成の試み．兵庫教育大学研究紀要．第 1 分冊，学校教育・幼児教育・障害児教育，*7*，135-146.

中尾繁樹（2010）．通常学級におけるインフォーマルアセスメントの有効性に関する一考察．関西国際大学研究紀要，*11*，1-13.

中尾繁樹（2011）．通常学級におけるインフォーマルアセスメントの有効性に関する考察 2―描画と姿勢の観察から―．関西国際大学研究紀要，*12*，25-35.

Nan, J. K., & Hinz, L. D. (2012). Applying the Formal Elements Art Therapy Scale (FEATS) to adults in an Asian population. *Art Therapy: Journal of the American Art Therapy Association, 29,* 127-132.

Nangle, D. W., Erdley, C. A., Newman, J. E., Mason, C. A., & Carpenter, E. M. (2003). Popularity, friendship, quantity, and friendship quality: Interactive influences on children's loneliness and depression. *Journal of Clinical Child and Adolescent Psychology, 32*(4), 546-555.

西平直喜（1973）．青年心理学（現代心理学叢書第 7 巻）．共立出版．

Norman, W. T. (1963). Toward an adequate taxonomy of personality attributes: Replicated factor structure in peer nomination personality ratings. *Journal of Abnormal and Social Psychology, 66*(6), 574-583.

Oas, P. (1985). Clinical utility of an index of impulsivity on the Draw-A-Person Test. *Perceptual and Motor Skills, 60,* 310.

Offord, D. R., Boyle, M. H., Racine, Y. A., Fleming, J. E., Cadman, D. T., Blum, H. M., & MacMillan, H. L. (1992). Outcome, prognosis, and risk in a longitudinal follow-up study. *Journal of the American Academy of Child & Adolescent Psychiatry, 31*(5),

916-923.

小川秀夫（2007）．確率的弛緩法を用いた樹木画の領域分割．情報処理学会論文誌, *48*(11), 3541-3547.

大平健（1995）．やさしさの精神病理（Vol. 新赤版 409）．岩波書店.

大久保智生（2005）．青年の学校への適応感とその規定要因：青年用適応感尺度の作成と学校別の検討．教育心理学研究, *53*(3), 307-319.

大野和男（2002）．Loevinger による自我発達理論に基づいた青年期における学年差・性差の検討．発達心理学研究, *13*(2), 147-157.

Palmer, J. O. (1970). *The psychological assessment of children*. New York: Wiley.

Parker, J. G., & Asher, S. R. (1993). Friendship and friendship quality in middle childhood: Links with peer group acceptance and feelings of loneliness and social dissatisfaction. *Developmental Psychology, 29*(4), 611-621.

Picard, D., & Lebaz, S. (2010). Symbolic use of size and color in freehand drawing of the tree: Myth or reality? *Journal of Personality Assessment, 92*(2), 186-188.

Prout, H., & Celmer, D. S. (1984). A validity study of the Kinetic School Drawing technique. *Psychology in the Schools, 21*(2), 176-180.

Prout, H., & Phillips, P. D. (1974). A clinical note: The kinetic school drawing. *Psychology in the Schools, 11*(3), 303-306.

Puig-Antich, J. (1982). Major depression and conduct disorder in prepuberty. *Journal of the American Academy of Child Psychiatry, 21*(2), 118-128.

Resnick, M. D., Bearman, P. S., Blum, R. W., Bauman, K. E., Harris, K. M., Jones, J., & Udry, J. R. (1997). Protecting adolescents from harm: Findings from the National Longitudinal Study on Adolescent Health. *JAMA: Journal of the American Medical Association, 278*(10), 823-832.

Riordan, R., & Verdel, A. C. (1991). Evidence of sexual abuse in children's art products. *School Counselor, 39*, 116-121.

Rubin, K. H., & Rose-Krasnor, L. (1992). Interpersonal problem solving. In V. B. Van Hasselt & M. Hersen (Eds.), *Handbook of social development* (pp. 283-323). New York: Plenum.

Rutter, M., Giller, H., & Hagell, A. (1998). *Antisocial behavior by young people*. New York: Cambridge University Press.

酒井厚・菅原ますみ・眞榮城和美・菅原健介・北村俊則（2002）．中学生の親および親友との信頼関係と学校適応．教育心理学研究, *50*(1), 12-22.

桜井茂男（1983）．認知されたコンピテンス測定尺度（日本語版）の作成．教育心理学研究, *31*(3), 245-249.

桜井茂男（1984）．幼児における人物画の大きさと有能感および体格の関係：枠づけ法を用いて．教育心理学研究, *32*(3), 217-222.

桜井茂男（1992）．小学校高学年生における自己意識の検討．実験社会心理学研究, *32*, 85-94.

佐野友泰・浦田暁菜 (2008). バウムテスト・S-HTP法の地域差に関する検討―北海道・沖縄県学生の相違と居住年数による影響について―. 日本芸術療法学会誌, *39*(2), 72-82.

佐藤修策 (1968). 登校拒否児. 国土社.

Savin-Williams, R. C., & Berndt, T. J. (1990). Friendship and peer relations. In S. S. Feldman, G. R. Elliott, S. S. Feldman, & G. R. Elliott (Eds.), *At the threshold: The developing adolescent* (pp. 277-307). Cambridge, MA: Harvard University Press.

Schmidt, L. A., & Riniolo, T. C. (1999). The role of neuroticism in test and social anxiety. *The Journal of Social Psychology, 139*(3), 394-395.

Schouws, S. N. T. M., Paans, N. P. G., Comijs, H. C., Dols, A., & Stek, M. L. (2015). Coping and personality in older patients with bipolar disorder. *Journal of Affective Disorders, 184*, 67-71.

Schwartz, D., McFadyen-Ketchum, S. A., Dodge, K. A., Pettit, G. S., & Bates, J. E. (1998). Peer group victimization as a predictor of children's behavior problems at home and in school. *Development and Psychopathology, 10*(1), 87-99.

Seligman, M. E. P. (1975). *Helplessness: On depression, development, and death.* New York: W. H. Freeman/Times Books/ Henry Holt.

Selman, R. L., & Schultz, L. H. (1990). *Making a friend in youth: Developmental theory and pair therapy.* Chicago, IL: University of Chicago Press.

柴田利男 (1993). 幼児における社会的コンピテンスの諸測度間の相互関連性とその個人差. 発達心理学研究, *4*(1), 60-68.

Shonk, S. M., & Cicchetti, D. (2001). Maltreatment, competency deficits, and risk for academic and behavioral maladjustment. *Developmental Psychology, 37*, 3-17.

Sims, J., Dana, R. H., & Bolton, B. (1983). The validity of the Draw-A-Person Test as an anxiety measure. *Journal of Personality Assessment, 47*(3), 250-257.

Sitton, R., & Light, P. (1992). Drawing to differentiate: Flexibility in young children's human figure drawings. *British Journal of Developmental Psychology, 10*, 25-33.

Smith, D., & Dumont, F. (1995). A cautionary study: Unwarranted interpretations of the Draw-A-Person test. *Professional Psychology: Research and Practice, 26*, 298-303.

Smithyman, T. F., Fireman, G. D., & Asher, Y. (2014). Long-term psychosocial consequences of peer victimization: From elementary to high school. *School Psychology Quarterly, 29*(1), 64-76.

Smokowski, P. R., Reynolds, A. J., & Bezruczko, N. (1999). Resilience and protective factors in adolescence: An autobiographical perspective from disadvantaged youth. *Journal of School Psychology, 37*(4), 425-448.

曽我祥子 (1999). 小学生用5因子性格検査 (FFPC) の標準化. 心理学研究, *70*(4), 346-351.

Solomon, D., Battistich, V., Watson, M., Schaps, E., & Lewis, C. (2000). A six-district study of educational change: Direct and mediated effects of the child development project.

Social Psychology of Education, 4(1), 3-51.

Soutter, A. (1994). A comparison of children's drawings from Ireland and Oman. *The Irish Journal of Psychology, 15*(4), 587-594.

曽山和彦・本間恵美子・谷口清（2004）．不登校中学生のセルフエスティーム，社会的スキルがストレス反応に及ぼす影響．特殊教育学研究，*42*(1)，23-33.

Steel, P., Schmidt, J., & Shultz, J. (2008). Refining the relationship between personality and subjective well-being. *Psychological Bulletin, 134*(1), 138-161.

菅原ますみ（1997）．養育者の精神的健康と子どものパーソナリティの発達：母親の抑うつに関して．性格心理学研究，*5*(1)，38-55.

鈴木慶子（1999）．バウムテストの全体的印象評定尺度の構成：S-D法による因子的検討．大正大学臨床心理学専攻紀要，*2*，82-89.

鈴木美樹江（2010）．中学校教諭から見た心の支援が必要な生徒の特徴：不登校傾向と非行傾向生徒の特徴の比較．金城学院大学大学院人間生活学研究科論集，*10*，47-58.

鈴木美樹江・森田智美（2015）．不適応に至るまでのプロセスに着目した高校生版学校不適応感尺度開発．心理臨床学研究，*32*(6)，711-715.

Swensen, C. H. (1968). Empirical evaluations of human figure drawings: 1957-1966. *Psychological Bulletin, 70*(1), 20-44.

Swenson, C. H., Jr. (1957). Empirical evaluations of human figure drawings. *Psychological Bulletin, 54*, 431-466.

高橋依子・橋本秀美（2009）．スクールカウンセリングに活かす描画法：絵にみる子どもの心．金子書房.

田邊敏明（2007）．教師による児童の行動評定とバウムテストの特徴との関連：学校適応のあるべき姿を求めて．山口大学研究論叢，芸術・体育・教育・心理，*57*，169-184.

田中志帆（2007）．小・中学生が描く動的学校画の発達的変化．心理臨床学研究，*25*(2)，152-163.

田中志帆（2009）．どのような動的学校画の特徴が学校適応状態のアセスメントに有効なのか？―小・中学生の描画からの検討―．教育心理学研究，*57*(2)，143-157.

田中志帆（2011）．荒れている学級の動的学校画―小・中学生の描画特徴の比較・検討―．青山学院女子短期大学紀要，*65*，125-149.

鑪幹八郎・一丸藤太郎・森田裕司・山本雅美・吉田美穂・勝美吉彰・辻河昌登・森本千加子（1992）．描画テストからみた登校拒否の予後―登校拒否の予後研究（2）―．広島大学教育学部紀要 第1（心理学），*41*，183-191.

田山淳（2008）．中学生における登校行動とバウムテストの関連について．心身医学，*48*(12)，1033-1041.

登張真稲（2010）．協調性とその起源― Agreeableness と Cooperativeness の概念を用いた検討―．パーソナリティ研究，*19*(1)，46-58.

Trueman, D. (1984). What are the characteristics of school phobic children? *Psychological Reports, 54*(1), 191-202.

綱島啓司（1992）．描画テストの基礎的研究：バウム指標とY-G尺度．川崎医療福祉学

会誌, *2*(2), 87-96.

Tupes, E. C., & Christal, R. E. (1961). *Recurrent personality factors based on trait ratings* (USAF ASD Tech. Rep. No. 61-97). Lackland Airforce Base, TX: U. S. Air Force.

上野行良・上瀬由美子・松井豊・福富護 (1994). 青年期の交友関係における同調と心理的距離. 教育心理学研究, *42*(1), 21-28.

Vosk, B., Forehand, R., Parker, J. B., & Rickard, K. (1982). A multimethod comparison of popular and unpopular children. *Developmental Psychology, 18*(4), 571-575.

Wang, M. T. (2009). School climate support for behavioral and psychological adjustment: Testing the mediating effect of social competence. *School Psychology Quarterly, 24*(4), 240-251.

Wångby, M., Bergman, L. R., & Magnusson, D. (1999). Development of adjustment problems in girls: What syndromes emerge? *Child Development, 70*(3), 678-699.

渡部洋・土屋隆裕 (1995). 樹木画の印象的評価の特徴について. 東京大学教育学部紀要, *34*, 195-205.

Weintraub, S. (1987). Risk factors in schizophrenia: The Stony Brook High-Risk Project. *Schizophrenia Bulletin, 13*(3), 439-450.

Wentzel, K. R., Barry, C. M., & Caldwell, K. A. (2004). Friendships in middle school: Influences on motivation and school adjustment. *Journal of Educational Psychology, 96*(2), 195-203.

Widom, C. S. (1999). Posttraumatic stress disorder in abused and neglected children grown up. *The American Journal of Psychiatry, 156*(8), 1223-1229.

山口登代子・横山恭子 (2003). SD 法によるバウムテストの評定尺度作成. 上智大学心理学年報, *27*, 63-71.

山崎透 (1998). 不登校に伴う身体化症状の遷延要因について. 児童青年精神医学とその近接領域, *39*, 420-432.

Yan, H., & Chen, J. (2012). Application of the projective tree drawing test in adolescents with depression [In Chinese]. *Chinese Journal of Clinical Psychology, 20*, 185-187.

Yan, H., Yang, Y., Wu, H. S., & Chen, J. D. (2013). Applied research of House-Tree-Person tests in suicide investigation of middle school students. *Chinese Mental Health Journal, 72*, 650-654.

Youniss, J., & Smollar, J. (1985). *Adolescent relations with mothers, fathers, and friends.* Chicago, IL: University of Chicago Press.

人 名 索 引

A

Acra, C. F.　31, 36
Ainsworth, M. D. S.　4
Andrews, J.　13
青木健次　13, 14
青山桂子　39, 53, 63
Armstrong, D.　13
朝重香織　20
Asher, S. R.　4, 5
Ashton, M. C.　49
Atta, M.　31

B

Baker, J. A.　8
Beck, J. S.　7
Berndt, T. J.　4, 6
Betts, D. J.　45, 63
Bieliauskas, V. J.　12
Bierman, K. L.　19
Blos, P.　4
Brown, D. J.　43
Buck, J. N.　11, 27, 28, 31, 36
Buehler, C.　2
Buhrmester, D.　4
Burkitt, E.　30, 35
Burt, K. B.　6, 19, 20

C

Cauce, A. M.　5
Celmer, D. S.　12
Cerbus, G.　11
Christal, R. E.　40

C

Cicchetti, D. A.　19, 24
Coie, J. D.　2

D

Damon, W.　5
Devore, J. E.　31, 36
Dodge, K. A.　3
土井隆義　5
Duck, S.　19
Dumont, F.　27
Durlak, J. A.　1

E

Eggum, N.　25
Eisenberg, N.　20

F

Fabes, R. A.　20
Farlyo, B.　27
Fellows, R.　11
Fraser, M. W.　8
藤原　徹　15
Fukunishi, I.　12, 28, 39
古市裕一　4
古池若葉　11
Fury, G.　45, 66

G

Goldberg, L. R.　40
Goldner, L.　45, 66
Goodman, S. H.　3
Gordon, N.　30, 36

Gotlib, I. H.　3
Gresham, F. M.　19
Groth-Marnat, G.　27

H

Hagen, K. A.　24
萩原久子　4,21,29,32,33
Hammer, E. F.　27,31,36
Handler, L.　52
原田克巳　2
原田宗忠　11
Harnish, J. D.　3
Harris, D. B.　27
Hart, D.　5
Harter, S.　21,32
橋本秀美　29,30,35
Hinz, L. D.　45,50
平川義親　31,36
Hoglund, W. L.　20
本間友巳　4,6,8
Houston, A. N.　27
Hunsley, J.　27
Hymel, S.　20,24

I

市川珠理　39,53,63
一谷　彊　14
五十嵐哲也　4,20,21,29,32,33
生島　浩　25
今村友木子　40
Inadomi, H.　31,36
Irshad, E.　31
石谷真一　15
石本雄真　5
磯部美良　20,25
岩満優美　15

J

Janzen, H. L.　13

K

Kahill, S.　27
粕谷貴志　6
Kato, D.　40
河村茂雄　6
萱村俊哉　14,61
Kim, J.　19,24
木村香代子　14
Kirchner, J. H.　11,39
北村晴朗　2
Kline, P. P.　12
Klopfer, W. G.　27
Koch, C.　27
Koch, K.　10,63
Koppitz, E. M.　14,27,31,36,61
纐纈千晶　12,29,39,53,63
Kuhlman, T. L.　12
蔵　琢也　15
桑代智子　11

L

Ladd, G. W.　2
Lahey, B. B.　6
Leadbeater, B. J.　20
Lebaz, S.　29
Lee, C. M.　3
Lewinsohn, P. M.　30,36
Lifrak, P. D.　25
Light, P.　30,35
Longoria, A. Q.　31,36
Luthar, S. S.　31,36

M

Machover, K.　27,29-31,36
Marsh, D. T.　27
Marzolf, S. S.　11,39
Masten, A. S.　8
増岡怜那　11
Matto, H. C.　27

McNair, D. M. 49
Merrill, L. L. 27
Messier, L. P. 30,36
三上直子 11,28,35,36,43,46,53,58
三沢直子 12,28
三島浩路 5
Mizuta, I. 30,35
森岡由紀子 25
森田美弥子 12,29,39,53,63
Morita, M. 40
森田智美 7
Motta, R. W. 27

N
内藤勇次 2
中尾繁樹 10
Nan, J. K. 45,50
Nangle, D. W. 19
西平直喜 4
Norman, W. T. 40

O
Oas, P. 27
Offord, D. R. 6
小川秀夫 15
小椋たみ子 20
大平　健 5
大久保智生 2
大野和男 35

P
Palmer, J. O. 27
Paludi, M. 27
Parker, J. G. 5
Phillips, P. D. 12
Picard, D. 29
Prout, H. 12
Puig-Antich, J. 6

R
Resnick, M. D. 2
Riethmiller, R. 52
Riniolo, T. C. 43
Riordan, R. 27
Roberts, L. 27
Rose, A. J. 4
Rose-Krasnor, L. 31
Rubin, K. H. 31
Rutter, M. 3

S
酒井　厚 4
桜井茂男 21,32,43
Savin-Williams, R. C. 4,6
佐野友康 12
佐藤修策 6
Scharf, M. 45,66
Schmidt, L. A. 43
Schouws, S. N. T. M. 44
Schultz, L. 5
Schwartz, D. 5
Seligman, M. E. P. 6
Selman, R. L. 5
柴田利男 19
Shonk, S. M. 19,24
Sims, J. 27
Sitton, R. 30,35
Smith, D. 27
Smithyman, T. F. 5
Smokowski, P. R. 8
Smollar, J. 4
曽我祥子 40,57
Solomon, D. 3
Soutter, A. 12,39
曽山和彦 20
Steel, P. 42
菅原ますみ 3
鈴木慶子 15

鈴木美樹江　　7, 36
Svaste-Xuto, B. B.　　12
Swensen, C. H.　　14, 27
Swenson, C. H. Jr.　　61

T
高橋依子　　29, 30, 35
高橋靖恵　　11
竹本伸一　　2
田山　淳　　6
田邊敏明　　10, 14
田中志帆　　13
鑪幹八郎　　11
Taulbee, E. S.　　27
Terwilliger, R.　　27
登張真稲　　59
Trueman, D.　　6
土屋隆裕　　46, 50
綱島啓司　　13, 44
Tupes, E. C.　　40

U
上野行良　　4
浦田暁菜　　12

V
Verdel, A. C.　　27
Vosk, B.　　5

W
Wang, M. T.　　6, 19
Wangby, M.　　6
Ward, T. J.　　30, 36
渡部　洋　　46, 50
Weintraub, S.　　3
Welsh, J. A.　　19
Wentzel, K. R.　　5
Widom, C. S.　　3

Y
山口登代子　　15
山崎　透　　24
Yan, H.　　28
Youniss, J.　　4

Z
Zigler, E.　　31, 36